INHALT

VORWORT

Gleich der Wiederbesinnung auf klassische Literaturstoffe ist es auch ein aktueller Charakterzug unserer kulturellen Wirklichkeit, dass sich das Interesse an der Antike – zumal am antiken Drama – ganz außerordentlich belebt.

Davon zeugen nicht wenige Veröffentlichungen, die Thematik des zeitgenössischen Dramenschaffens und nicht zuletzt neue Inszenierungen antiker Dramen auf vielen Bühnen des deutschen Sprachraums von Frankfurt am Main bis Frankfurt an der Oder – Zürich und Wien keineswegs ausgenommen.

Es erregte noch Aufsehen, als die „Antigone" des Sophokles in den späten sechziger Jahren auf Kasseler Bühnenbrettern mit gewissen Anleihen beim früheren Brecht-Theater inszeniert wurde: austauschbare Figuren, alle acht Schauspieler der Antigone-Szene übernahmen mit einkalkuliertem Verwischungseffekt wechselweise Textpartien von Antigone, Ismene oder Kreon, ohne dem dabei allfälligen Geschlechterwechsel die geringste Rücksicht zu widmen; auf dem Eisernen Theatervorhang stand die erhabene Losung: „Nichts hat mehr Möglichkeiten als der Mensch"; kurz darunter befand sich die relativierende Ergänzung „Peter ist doof". (vgl. „Theater heute", 10, 1969, H. 4, S. 22 f.)

Demgegenüber blieb die Nachricht aus der Spielzeit 1984/85 einigermaßen unbeachtet, Regisseur Peter Pahlisch führe die „Antigone" in einer Fabrikhalle auf.

Es muss uns nicht wundernehmen, dass die griechische Komödie in der Publikumsgunst die Tragödie bei weitem überrundet. Lysistrata, des Aristophanes Geschichte vom Liebesstreik der Frauen Spartas und Athens für den Frieden, lässt sich auch noch glaubhaft gestalten. Der Wirklichkeitsbezug der griechischen Komödie war zu ihrer Zeit sehr direkt. Darum fällt der Zugang auch den Heutigen nicht leicht.

Die Aneignung der Tragödie durch das Theater dagegen findet größere Schwierigkeiten. Ihre Verfasser kleiden das damals bewegende Anliegen – ihr eigenes und das der zeitgenössischen Zuschauer – in das Gewand des Mythos, der Götter- und Heldensage, die ganz selbstverständlich vom Publikum gekannt und verstanden wurde. Ihr zeitbezogener Gehalt bedarf daher heute der Entschlüsselung: im Hinblick auf die konkreten historischen Bedingungen, auf Zeitbezüge, auf die künstlerische Struktur.

Unter diesem Vorzeichen präsentiert sich die vorliegende Rezeptionshilfe als rational handhabbare Unterstützung bei der „Antigone"-Lektüre.

W0034970

1. TRAGIKER UND STRATEGE –
DER ATHENER SOPHOKLES

Er darf mit gutem Grund zu den Glückskindern der Menschheit gerechnet werden. Sophokles Leben währte neun Jahrzehnte. Geboren um 496 v. Chr. in der attischen Gemeinde Kolonos bei Athen, sollte er zu dem Dreigestirn der großen klassischen Tragiker zählen. Ehrenämter erwarteten ihn und selbst, nachdem sein Leben sich 406 vollendet hatte, wurden ihm noch besondere Würden zuteil – die Verehrung als Heros Dexion, auf einer Zwischenstufe gleichsam zwischen Mensch und Gott. So ehrte die Antike Stadtgründer wie Miltiades, verdiente Gesetzgeber wie Solon, Marathonkämpfer, Philosophen oder eben bedeutende Dichter wie Sophokles. Der Heroenkult der Griechen hat viele verwandte Züge mit der Heiligenverehrung des späten Christentums.

Als Sohn eines reichen Fabrikanten stammte Sophokles – anders als seine Tragiker-Kollegen, der ältere Äschylos und der jüngere Euripides, – aus einer vornehmen Stadtfamilie.

Sospillos der Vater, gründete sein Vermögen auf die von Sklaven in großen Werkstätten betriebene Fabrikation von Waffen und Ackergeräten. Er erwies sich mit dieser kriegerisch-friedfertigen Kombination als weitsichtiger und erfolgreicher Geschäftsmann, dessen Hinterlassenschaft den Sohn jeglicher Sorge um einen Broterwerb enthob, so dass er sich einem umfangreichen schriftstellerischen Werk hinzugeben vermochte. Es trug ihm den Ruf eines Klassikers ein. Sophokles wurde als Schulautor gelesen und noch in der Antike tradiert. Er verherrlichte in tiefer Heimatliebe Athen und dessen politischen Status. Er hielt fest an überkommenen religiösen Anschauungen, die bereits zu seinen Lebzeiten von sophistischen Skeptizismus progressiver Richtung, der einen Aufklärungsstandpunkt einnahm und sich gegen die Religion wandte, hart angegriffen wurde.

Natürlich würde es den vorgegebenen Rahmen dieser Darlegungen überschreiten, wollte man das Phänomen der Sophistik umfassend definieren. Aber einige Kernfeststellungen scheinen dennoch unverlässlich. Es handelt sich um eine geistig-erzieherische Strömung in der griechischen Antike des 5. und 4. Jh.v.Chr.

Das Entstehen der Sophistik hängt eng mit der Entwicklung der Sklavenhalterdemokratie – mit dem Zentrum Athen besonders nach den Perserkriegen – zusammen. Gegen Entgelt lehrten die „sophistai" die Weisheitslehrer, allgemeine und spezielle Bildungsinhalte wie etwa Rechtskunde und Rhetorik. Zu den markantesten Grundzügen der Sophistik gehören die enge Verbindung des theoretischen Wissens mit dem praktischen Leben, eine Umorientierung der philosophischen Forschung von der Natur auf den Menschen, die Gesellschaft, die rechtlichen Verhältnisse, die Ethik und die Erkenntnistheorie.

Eine Beurteilung der Sophistik ist nur in begrenztem Maße möglich, weil Originalschriften so gut wie gar nicht erhalten geblieben sind. Man ist in der Hauptsache angewiesen auf Platons Texte, der sich als ihr konsequenter Gegner mit der Sophistik auseinander gesetzt hat. Rund ein halbes Jahrtausend später – im 2. Jh. n. Chr. unter Hadrian bis zur Mitte des 3. Jh. – kommt es zur „Zweiten Sophistik" der römischen Kaiserzeit, die sich grundsätzlich vom griechischen Originalphänomen dadurch unterschied, dass sie sich als Kontrahent von Philosophie und Fachwissenschaften verstand, so dass originelle Leistungen ausblieben. Ansehen erwarb vor allem die formale Eleganz der in dieser Phase entstehenden Prunkreden.

Sophokles' literarisches Werk umfasst Dramen, Satyrspiele, Epigramme und Elegien. Es ist – gemessen an seinem ursprünglichen Gesamtumfang – nur in Bruchstücken erhalten geblieben: von den Satyrspielen aus den „Ichneutai" etwa 400 Verse, kärgliche Reste nur von Epigrammen und Elegien, sieben von 123 Dramen ganz, von den übrigen nur Titel und Fragmente. Lediglich bei einigen Stücken darf die chronologische Einordnung als gesichert gelten.

Der Dichter bezog seine Stoffe aus der Mythologie. So ist der Titelheld des „Aias" der Sohn des Königs Telamon von Salamis und der Eriboia. Er unterliegt Odysseus im Kampf, erleidet einen von Athena gesandten Wahnsinnsanfall und tötet daraufhin Viehherden als seine vermeintlichen Feinde. Wieder zur Besinnung gekommen, stürzt er sich ins eigene Schwert.

Die Frauen von Trachis und der durch das vergiftete Nessosgewand verursachte Tod des Herakles stehen im Zentrum von „Trachiniai". „Oidipus tyrannos" (vor 425 aufgeführt) und „Oidipus auf Kolonos" (vom Enkel des Dichters 401 aufgeführt) behandeln Schicksal und Ende des Thebanerkönigs, der seinen Vater erschlug, die eigene Mutter ehelichte und dessen Kinder Antigone, Ismene, Eteokles und Polyneikes sind.

Der von Orestes verübte Muttermord an Klytaimnestra, der Gattin des Agamemnon, ist der Inhalt der „Elektra".

Hervorgegangen aus den Dionysosfeiern der Vergangenheit wurden seit dem Ende des 6. Jahrhunderts v. Chr. in Athen alljährlich Theateraufführungen organisiert. Dies geschah zunächst nur während der Großen Dionysien im März, seit der zweiten Hälfte des 5. Jh. auch an den Lenäen im Januar. Dabei wurden durch städtische Beamte Stücke ausgewählt, die in ausgeloster Reihenfolge aufgeführt wurden: an einem Tag fünf Komödien, an den drei folgenden Tagen je eine Tetralogie, die jeweils bestanden aus drei Tragödien und einem Satyrspiel. Nach der Aufführung entschied eine Jury über die Rangfolge der Dramen, deren Inszenierung der Dichter selbst leitete. Das ganze Verfahren zeigt Anklänge an heutige „Goldene", „Bambis" oder Oscar-Verleihungen, nur dass die „Oscars" der Antike weitaus gewichtiger waren, eherne Dreifußkessel nämlich, die gern als Weihgabe zur höheren Ehre des Gottes Dionysos aufgestellt wurden und so – ein wenig Eigenwerbung konnte wohl auch in der Antike nicht schaden – der Nachwelt vom Ruhme des Preisträgers kündigten.

Sophokles, den seine Mitbürger ob seiner gewinnenden und liebenswürdigen Umgänglichkeit geradezu verehrten, siegte in 24 Stücken des Theater-Wettstreites, erstmalig 468 v. Chr.

Offenkundig vermochten die Schicksale seiner Dramengestalten die Zeitgenossen in große Gemütsbewegung zu versetzen.

Durch Nichterkennen der göttlichen Wahrheiten werden seine Helden nicht selten mit unverdienter Härte in tragische Verwirrungen und Tod gerissen, auch die Hybris (Übermut) führt sie ins Unglück – jene nach griechischer Anschauung anmaßende und frevelhafte Verblendung der Menschen, die sich über die von der Gottheit gesetzten Schranken hinwegsetzen und deshalb dem Vergeltungsmaß der rächenden Nemesis verfallen.

Gestalten wie Antigone, die aus sittlicher Verantwortung gegen Menschengebot handeln, stehen neben solchen wie Oidipus, in dem sich subjektives Unschuldigsein mit objektiven Schuldigwerden durchdringt.

Aischylos, Sophokles und Euripides traten im Athener Dionysostheater mit ihren Stücken vor einer Zuschauerschaft zum Wettbewerb an, die Athens große Zeit gestaltete. Es ist diejenige Generation, welche mit den nationalen Kriegen gegen die Perser zu Anfang des 5. Jh. v. Chr. das Fundament schuf für Athens Blütezeit. 490 siegten die Athener bei Marathon. Es folgt der Ausbau der athen. Seemacht. 480 kommt es zum Sieg über die Perser in der Seeschlacht bei der Insel Salamis. 480/79 besetzten die Perser Athen und zerstören es fast völlig, einschließlich der Heiligtümer und Kunstbauten. Zeitgenössische Quellen berichten, lediglich die als Besatzerquartiere in Aussicht genommenen Wohngebäude seien damals verschont worden. Nach der Schlacht bei Plataiai 479 kommt es zur Gründung des attischen Seebundes in den beiden Folgejahren, dessen Führung Athen übernimmt. Von 479 v. Chr. bis 431 Chr. dauert die Hochblüte Athens, die Pentekontäetie, welche sich mit dem Ausbruch des Peloponnesischen Krieges (431-404 v. Chr.) ihrem Ende zuneigt.

Er endete bekanntlich mit einer totalen Niederlage Athens – zwei Jahre, nachdem Sophokles gestorben war. Die Periode der höchsten Blüte der Athener Sklavenhalterdemokratie und Kultur fiel zusammen mit des Dichters Lebenszeit zwischen dem fünfzehnten und dreiundsechzigsten Lebensjahr, der fruchtbarsten, schaffensreichsten Zeit, die gemeinhin einer menschlichen Existenz beschieden ist.

Während der ältere Tragiker-Konkurrent Euripides noch selbst im Kampf gegen die Perser gestanden hatte, durfte Sophokles bei der Siegesfeier von Salamis wenigstens als Ephebe den Knabenchor anführen.

433 wurde er Schatzmeister des attischen Seebundes, ein hohes Ehrenamt, das von der Wertschätzung spricht, die man dem überzeugten Anhänger der Demokratie des Atheners Perikles entgegenbrachte,

An dessen Seite stellte man Sophokles 441, indem man ihm das ehrenvolle Amt eines Strategen, eines Mitgliedes des zehn Köpfe umfassenden Kollegiums der Athener Feldherren, für die Dauer einer Wahlperiode von einem Jahr überträgt, angeblich nur wegen des großen Erfolges seiner „Antigone". Und wieder bleibt der Dichter ein Mann des Friedens. Es ist nicht die Zeit für militärische Taten. Der mit dem Peloponnesischen Bund für vorgeblich drei Jahrzehnte abgeschlossene Frieden hatte just vier Jahre vorher die potentiell kriegsträchtigen Auseinandersetzungen der Kontrahenten fürs erste beendet. Ein friedliches und ereignisloses Jahr 441/440 scheint sich anzubahnen. Als die kleinasiatische Insel Samos, Mitglied des attischen Seebundes von Beginn an, nach Unabhängigkeit strebend den Aufstand probt, bricht der Samische Krieg aus. Er endet 439 mit der Eroberung der Insel durch Perikles. Sophokles wird von dem Geschehen kaum tangiert. Kriegerische Gefährdungen bleiben ihm auch hier erspart, zumal Perikles seiner Feldherrneignung ohnehin misstraut. Erst als Mittsechziger sieht er sich in ernsthafter Todesgefahr. In Athen wütet die Pest. Perikles fällt ihr zum Opfer, Sophokles bleibt unversehrt.

So ist ihm nicht Lebenszeit genug geblieben, um dem wesentlichen Teil der Niedergangsphase Athens nach 431 v. Chr. mitzuerleben. Die Beseitigung der Demokratie und die 404 in Athen ausbrechende Schreckensherrschaft der Oligarchenregierung der „Dreißig Tyrannen" unter der Anführerschaft von Platons Onkel Kritias werden ihm hingegen erspart.

Was bleibt, ist die Feststellung, dass sich der Dramenschöpfer Sophokles um seine Heimatstadt Athen weitaus mehr Verdienste erworben hat, als der Heerführer und Staatsamtsinhaber.

Neben Handlungsgestalten, die spätere Versuche zur Bearbeitung – speziell seit dem sechzehnten Jahrhundert – immer wieder angeregt haben, wie Antigone, Elektra oder Oidipus, sind hier vor allem schöpferische Leistungen im Dramaturgiebereich zu erwähnen: Die Zahl der Schauspieler wird von zwei auf drei erhöht, die der Chorsänger von 12 auf 15. Im Gleichklang wird der Umfang des Handlungsanteils der Chöre reduziert, aber ihre Einbeziehung in das Geschehen intensiver. Auf die trilogische Komposition – d.h. die inhaltliche Zusammengehörigkeit der zur Aufführung anstehenden Tragödien – wird meist verzichtet. Selbständige Inhalte prägen die Stücke. Die Handlungsfiguren treten plastischer als ausgeformte, individuelle Persönlichkeiten hervor.

Auf eine Formel gebracht: Sophokles befreite dramaturgisch die Tragödie vom Epos.

„Sophokles' seelische Harmonie", heißt es bei Victor Ehrenberg, „redet zu uns noch im Echo der befugtesten Richter, aus dem Munde der Dichter und Denker, die mit ihm und nach ihm lebten, von Ion und Aristophanes bis zu Hölderlin, von Aristoteles zu Hegel und Nietzsche." (Sophokles und Perikles, S. 199)

2. DAS DIONYSOSTHEATER ATHENS

Der griechische Gott der Fruchtbarkeit und des Weines, dessen Name unlösbar mit der Wiege der antiken Tragödie verbunden bleibt, war Dionysos, den man auch Bakchos nannte. Die Lateiner hießen ihn Bacchus.

Eine merkwürdige Herkunft wird ihm von der antiken Sage bescheinigt: Semele, die Tochter des Thebanerkönigs Kadmos und der Aphrodite-Tochter Harmonia, ging von Zeus – der ihr als Sterblicher erschienen war – befruchtet mit einem Knaben schwanger.

Auf die Einflüsterungen der eifersüchtigen Hera, die der Schwangeren als ihre alte Amme erschienen war, wünschte sich Semele, Zeus in seiner eigentlichen Gestalt zu sehen. Dieser musste, gebunden durch sein göttliches Versprechen, jedem Wunsche des Mädchens nachkommen, auch diesem Ansinnen willfahren. So erschien er mit Blitz und Donner, und Semele verbrannte. Den ungeborenen Knaben aber rettete Zeus, indem er sich ihn in den Schenkel einnähen ließ, wo Dionysos ausgetragen wurde. Später denn pflegten ihn Semeles Schwester Ino und die Nymphen von Nysa. Auf Naxos vermählte sich Dionysos mit Ariadne, der Tochter des mythischen Kreterkönigs Minos, die einst mit Hilfe ihres Garnknäuels Theseus nach der Tötung des Minotaurus aus dem Labyrinth geholfen hatte.

Dionysos ständige Begleiter waren Satyrn (wilde, übermütige, lüsterne Naturdämone, halb pferdegestaltig, in hellenistischer Zeit durch die Annäherung an Pan auch bockgestaltig dargestellt), Silene (nahe Verwandte der Satyrn, teils milde, freundliche Wesen voll Weisheit, teils lüstern dargestellt, von Satyrn kaum zu unterscheiden) und Nymphen (niedere Naturgottheiten, oft Töchter des Zeus, mit Gesang, Tanz und Spiel in der Natur beschäftigt, spendeten sie Segen und Fruchtbarkeit).

Der Dionysoskult ist thrakisch-phrygischen Ursprungs. Er zeichnete sich aus durch sittenlose Wildheit und orgiastische Ekstase. In der antiken Sage spiegeln sich die Kämpfe wider, welche bei der Ausbreitung dieses Kults in Griechenland zu bestehen waren.

So wurde der thrakische Edonenkönig Lykurgos geblendet und verfiel kurz vor seinem gewaltsamen Tod dem Wahnsinn, weil er sich als Dionysos-Gegner zeigte.

Der Thebanerkönig Pentheus wurde von rasenden Bacchantinnen, den Mänaden des Dionysos, bei einer von ihm belauschten Kultfeier zerrissen.

So nahm der Siegeszug des Dionysoskults seinen Fortgang bis nach Indien. In Griechenland wurde er gleichsam offizialisiert. Dies ging einher mit deutlicher Minderung seines orgiastisch-ekstatischen Charakters.

In Attika feierte man Dionysien, fünftägige Feste, deren Höhepunkt eine phallische Prozession bildete, bei der man ein Kultbild des Dionysos mitführte. Auch wurden dramatische Spiele aufgeführt, die bei den „großen Dionysien" im Februar/März drei Tage währten.

Nach Aristoteles stellten die von Liedern begleiteten Phallus-Prozessionen den Anfang und Ursprung der Komödie das. Ein Detail der Theatergeschichte scheint diese Ansicht zu bestätigen. In der antiken Komödie und dem Satyrspiel trugen die Darsteller von männlichen Rollen im allgemeinen einen erheblich überdimensionierten ledernen Phallus.

Ein bedeutendes, besonders in Athen im Frühling gefeiertes Blütenfest, waren die dreitägigen Anthesterien. Der erste und der zweite Tag, die „Pithoigien" (Fassöffnung) und „Choren" (Kannenfest) galten ebenfalls Dionysos, der an den Choen seinen Einzug als Weingott auf dem Schiffskarren hielt.

Das Fest klang aus mit dem dritten Tag, dem „Chytren" (Topffest). Es war den Toten gewidmet, denen man Speisen in Töpfen vorsetzte.

Der enge Zusammenhang von Dionysoskult und Theaterspiel findet seinen Ausdruck auch im engen Beieinander von Kultstätte und Aufführungsort an einer ehrwürdigen Stelle der menschlichen Kulturgeschichte, dem Athener Dionysostheater, wo die antike Tragödie entstanden ist und auch „Antigone" zum ersten Mal ein Publikum in ihren Bann zog.

Das Theater, am Südostabhang der Burg unter freiem Himmel gelegen, befand sich in dem heiligen Bezirk des Dionysos, unweit der beiden Tempel der Gottheit aus dem 6. und 5. Jh. v. Chr., deren Fundamente noch erhalten sind.

Der vornehmste Platz in der Mitte der ersten Sitzreihe gehörte daher auch dem jeweiligen Tempelpriester. Selbst der Ehrensitz des Kaisers Hadrian (76-138 n. Chr.) wurde später hinter dem Marmorsessel aus dem 1. Jh. v. Chr. mit der Inschrift „Priester des Dionysos" aufgestellt. (vgl. Kirsten/Kraiker, Griechenlandkunde, D. 56)

Zur Zeit Perikles, als die attische Tragödie ihre Blütezeit erlebte und Athen ebenso stark wie mächtig war, bestanden die Bühnengebäude und die Zuschauerbänke aus Holz. Sie wurden ambulant, jeweils nur für die Dauer der Aufführung errichtet. Das Publikum gehörte allen sozialen Schichten an. Arme erhielten das Eintrittsgeld vom Staat erstattet. Ob freilich auch verheiratete Frauen zu dem Aufführungen Zutritt hatten, ist zumindest für die Komödie nicht gesichert.

Erst im 4. Jh. v. Chr. wurde das Dionysostheater vollständig aus Stein errichtet und 330 fertig gestellt. Reste der später baulich noch mehrfach veränderten Spielstätte sind erhalten geblieben. Um diese Zeit waren Athens Macht und Stärke zwar längst dahin, aber kulturell bildete es ohne Einschränkung den Mittelpunkt der alten Welt. Die Anlage des Dionysostheaters wurde zum Muster für alle griechischen Theaterbauten: „Der Steinbau des griechischen Theaters hat die schwierige Aufgabe gelöst, eine Versammlungsstätte für Zehntausende zu schaffen. Worin der vortragende Schauspieler noch auf den entferntesten Sitzen und selbst flüsternd vernehmlich ist. Es ist eine Aufgabe, an der Baumeister aller Zeiten – und wie oft vergeblich – experimentiert haben. Erreicht ist diese für den Besucher überraschende Wirkung durch das gleichmäßige Ansteigen der Sitze, das Mitschwingen des edlen Marmors beim Klang der Sprache, und dadurch, dass die Sitze im Grundriss etwas mehr als einen Halbkreis einnehmen. Der Ton wird so eingefangen und nach oben geleitet. Eine Bühne kannte die erste große Zeit des Theaters noch nicht, es wurde auf dem runden „Tanzplatz", der Orchestra, gespielt, weil Tanz und Lied des Chores Mittelpunkt der Aufführung blieben. Die Spielbühne als rückwärtiger Abschluss der Orchestra kam erst später auf (daher unser „Orchester", das vor der Bühne sitzt). Der Platz vor der Skene, dem Umkleideraum der Schauspieler (Säulenhalle), ward nun durch Seitenbauten (Parasskenien) eingefasst. Um 330 wurden auch diese in Marmor aufgeführt, im 2. Jahrhundert aber durch eine Säulenstellung verbunden (Proskenion). Erst seit dieser Zeit wurde auf einer hohen, schmalen Bühne gespielt, der Chor fiel weg. Die Römer führten dann die niedrige, tiefe Bühne (scaena) ein, hinter der sich eine mit Nischen und Säulen reichgegliederte Bühnenwand erhob." (Kirsten/ Kraiker, Griechenlandkunde, S. 56 f.)

Das Dionysostheater enthielt etwa 14.000 bis 17.000 Sitzplätze. Der Zuschauerraum (Theatron, Koilon) war durch einen Gang und Wassergraben von der Orchestra getrennt.

Einen Vorhang kannte das griechische Theater nicht. Die Kostüme der Schauspieler entsprachen dem Charakter des aufgeführten Stückes. Zur Tragödie gehörten lange, herabwallende Gewänder, farbig und mit reichen Verzierungen versehen. Dazu trugen die Schauspieler Masken, welche sich aus den dionysischen Kult-Masken entwickelt hatten, die man zum Zeichen der Identifizierung mit dem Gotte trug. Ein hoher Haaraufsatz auf den Masken sorgte in Verein mit den „Kothurn"–hohen, geschlossenen Lederstiefeln mit überdicker Sohle – dafür, dass die Schauspieler besonders groß erschienen.

In den Komödien waren die Gewänder kurz. Es wurden ebenfalls Masken getragen. Eine riesige Nachbildung des männlichen Geschlechtsgliedes aus Leder gehörte zu den Männerrollen. Umfangreiche lederne Polster an Bauch und Gesäß sorgten für groteske Körperformen. Die Masken bestanden zumeist aus modellgeformter, in Stuck fixierter, bemalter Leinwand mit Augen- und Mundöffnung sowie angehängter Perücke.

Auch Theatermaschinen waren zu Sophokles' Zeiten durchaus schon im Gebrauch. Einige der wichtigsten seien hier erwähnt.

Das Theologeion war eine erhöhte Plattform, von der herab als Götter erscheinende Schauspieler sprechen konnten. Das Keraunoskopeion spiegelte Blitze in die Skene. Das Bronteion war eine Donnermaschine, bei der Metallkugeln auf eine große Trommel fielen. Das Ekkyklema war eine auf niedrigen Rädern laufende Viereckplattform, mit deren Hilfe man Innenräume durch Aufbauten darstellen und auf das Prokenion rollen konnte.

Zu den bekanntesten Theatermaschinen gehörte die von Sophokles und auch Euripides benutze Mechane, manchmal auch Geranos geheißen, mit deren Hilfe es möglich war, das Fliegen und Schweben mythologischer Gestalten vorzutäuschen oder einen als Gottheit agierenden Schauspieler in einem Korb oder einer Seilschlinge von oben her auf der Bühne erscheinen und in die Handlung eingreifen zu lassen, damit er den Konflikt löse. Sie wurde zum Ursprung des heute meist im übertragenen Sinne gebrauchten dramaturgischen Fachausdrucks „Deus ex machina" (der Gott aus der Maschine), mit dem man eine sich nicht aus dem Handlungsverlauf entwickelnde Konfliktlösung kennzeichnet, also eine unerwartet von außen kommende Lösung.

Natürlich erlebte das Theater der Antike in der Zeit des Hellenismus wie auch in Rom bedeutende Veränderungen und Wandlungen, auf die einzugehen sich aber im Rahmen dieser Darlegungen verbietet.

Die Bühne des Sophokles blieb nicht immer Theater. Später wurden hier Tierhetzen abgehalten und noch später verkam das weite Rund zum ganz gewöhnlichen Steinbruch. Die Würde seiner großen Vergangenheit vermag dies dem Athener Dionysostheater nicht zu nehmen.

3. DAS THEMA „ANTIGONE"

Die Geschichte der Literatur leidet nicht Mangel an Neubearbeitungen antiker Stoffe.

Jean Paul Sartres „Fliegen" (Les Mouches) von 1943 verkehren das seit der Zeit Aischylos, Sophokles und Euripides vorgegebene Gepräge der Orest-Figur in sein Gegenteil.

Schon sechs Jahre vorher, 1937, bringt Jean Giraudoux seine Elektra auf die Bühne, welche „die Form der hohen Tragödie ironisch (auflöst)", wie es bei Käte Hamburger zu lesen ist (Von Sophokles zu Sartre, S. 77).

Gerhart Hauptmanns Atriden-Tetralogie bietet nach Goethe die wichtigste Neubearbeitung des Iphigeneiastoffes, der auf Euripides zurückgeht, mit den Teilen „Iphigenie in Delphi" (1941), „Iphigenie in Aulis" (1943) „Agamemnons Tod " (1944), „Elektra" (1945).

Thornton Wilders „Alkestiade" (The Alcestiadon 1955 stellt zwar bei weitem nicht die einzige, wohl aber die bedeutendste Bearbeitung dieses Euripides-Motivs das. Hans Sachs, Wieland, Alfieri und Hofmannsthal lieferten zu ihrer Zeit ebenfalls Versionen dieses Hoheliedes ehelicher Opferbereitschaft. Rilkes Alkestesgedicht, Alexander Lernet-Holenias Dramolett und Ernst Wilhelm Eschmanns Schauspiel „Alkestis", letzteres von 1950, belegen gleichermaßen die Faszination des Subjekts.

Des Euripides Medea-Drama fand Bearbeiter in Deneca, Corneille, Grillparzer und Anouilh (1946). Eine spätere Version von 1958 stammt aus der Feder des Kölner Autors Matthias Braun, der auch „Die Troerinnen" (1957, nach Euripides) und „Die Perser" (1960, nach Aischylos) neugestaltete und sie für Funk und Fernsehen einrichtete.

Selbst eine so zufällige und keineswegs vollständige Reihung genügt, um darzutun, dass die großen bewegenden Themen der Antike über die Jahrtausende hinweg ihre kulturelle Triebkraft nicht verloren haben. Dies gilt – wie könnte es anders sein – in besonderem Maße für das Antigone-Thema.

Seit Sophokles den Schicksalskonflikt der Ödipus-Tochter zwischen ungeschriebenem Sittengesetz und todesdrohendem Herrschergebot auf dem Dionysostheater spielen ließ, hat der Stoff Interpreten, Nachschöpfer und Neubearbeiter immer wieder in seinen Bann gezogen.

Goethe weiß die Tragödie gegenüber Eckermann zu rühmen. Hegel nennt sie in seinen ‚Vorlesungen über Ästhetik' eines „der allererhabensten Kunstwerke aller Zeiten ". Von Hölderlin stammt die Übersetzung, welche seit ihrem Erscheinen im Jahre 1804 (zusammen mit „Ödipus, der Tyrann") den Löwenanteil der deutschsprachigen Aufführungen bestritten hat und bis in die Gegenwart weiterwirkt.

Die Uraufführung der „Antigone" nimmt man für 442 v. Chr. an. Auf die anekdotische Vermutung, der Erfolg des Stückes habe Sophokles die Wahl ins Strategenamt eingetragen, treffen erhebliche Zweifel, wie sie etwa von Victor Ehrenberg artikuliert worden sind:„Verdankte Sophokles wirklich sein Strategenamt dem Erfolg des Stückes (wie in der ‚Hypothesis' vermerkt), so deshalb, weil diese Tragödie mehr zu Herzen geht als alle seine anderen, und weil das Volk seine Dankbarkeit, Liebe und Bewunderung zeigen wollte. Dennoch dürfte die Geschichte, so schön sie auch ist, schwerlich wahr sein. Es ist eher möglich, dass ein späterer Pseudo-Gelehrter, dem wir das Material der Hypothesis verdanken, aus der Koinzidenz der Daten auf einen Kausalzusammenhang geschlossen hat..." (Sophokles und Perikles, S. 147 f.)

An anderer Stelle finden wir in der gleichen Quelle folgende Ansicht zum mutmaßlichen Uraufführungsdatum:„Wenn die vielfach vertretene Anschauung richtig wäre, dass die Antigone im Frühjahr 441 erstmals aufgeführt wurde, wäre Sophokles vor der Aufführung zum Strategen gewählt worden, wenn er auch sein Amt natürlich erst nachher, im Sommer antrat. Es kommt hinzu, dass dieses Datum schon ‚besetzt' ist, denn nach M a r m. P a r. 60 ist es klar, dass Euripides 441 den ersten Preis gewann; merkwürdigerweise nehmen manche Forscher hiervon keine Notiz. Das wahrscheinlichste Datum für die Antigone ist Frühjahr 442. Ein noch früheres Datum würde es unwahrscheinlich machen, dass die Erzählung vor der Belohnung überhaupt entstehen konnte. Die Dionysien des Jahres 442 sind die letztmögliche Gelegenheit vor den Wahlen von 441." (a.a.O., S. 167)

Seither ist das Thema Antigone in vielfältiger Weise be-, auf- und umgearbeitet worden. Vor Hölderlin gab es schon ca. zwanzig deutsche Übersetzungen und nach ihm, im zwanzigsten Jahrhundert, noch ein paar mehr (Woerner 1937, Reinhardt 1949, Buschor, Kuchenmüller u.a.).

Jean Racine (1639-1699) schuf eine erste Neubearbeitung, Graf Vittorio Alfieri (1779-1803) eine andere. Bei Walter Hasenclever (1890-1940), einem der Wortführer des Expressionismus, wird die Tragödie im Weltkriegsjahr 1917 zum Träger pazifistischer Verkündigung. Kreon zeigt deutliche Anklänge an Wilhelm II.

In den Vordergrund tritt das vom Krieg gepeinigte und aufbegehrende Volk.

Rolf Hochhuth formt den Stoff 1966 zur Antikriegs-Novelle „Die Berliner Antigone".

Die Opernbühne erobert ihr Alessandro Scarlatti (1659-1725).

Carl Orff folgt in unserem zeitgenössischen Musikschaffen mit „Antigonae" (1948) nach der hölderlinschen Übersetzung.

Die für das Bühnengeschehen des zwanzigsten Jahrhunderts bedeutungsvollsten Bearbeitungen entstehen 1942 im besetzten Frankreich aus der Feder Jean Anouilhs und 1847/48 während des Schweizer Zwischenaufenthalts Bertolt Brechts auf dem Rückweg aus dem amerikanischen Exil nach Deutschland.

Als 1943 in Paris die französische Uraufführung der Anouilh-Fassung stattfindet, haben Autor und Ensemble dazu das Plazet der deutschen Besatzungsmacht nötig, dass es ihnen erteilt wird, kann im Grunde nicht als Kuriosität der Literaturgeschichte gelten. Sie ermangelt nicht der Beispiele für Wohlwollensbeweise gegenüber renitenter Dramenkunst. Man erinnere sich der Uraufführung von Lessings Virginia-Drama „Emilia Galotti" ausgerechnet zum Geburtstag der Herzogin von Braunschweig. Eher schon handelt es sich um Besatzerignoranz in kulturellen Dingen. Jedenfalls läuft das Stück Monat um Monat im besetzten Paris, obwohl eindeutig karikierend wirkende SS-Prototypen die Bühne bevölkern und kritisch-pazifistische Gedanken unüberhörbar ausgesprochen werden. Der Handlungsablauf lehnt sich an Sophokles an. Bühnenbild und Kostümausstattung unterstreichen die erhebliche Distanz zum Gehalt des antiken Vorwurfs. Antigone erscheint im Pullover, Kreon im stilisierten Diplomatengewand, die verstärkte Gruppe der Wächter in anonymer, aber anspielungsträchtig-dunkler Uniform. Willfährig, stupide, treusorgende Familienväter auf der einen, aber moralindifferente Befehlsempfänger auf der anderen Seite, erinnern sie in überdeutlicher Weise an manches Vertraut-Deutsche im französischen Besatzungsalltag.

Ein Sprecher berichtet zu Beginn die Vorgeschichte bis zu Kreons Gebot. Eteokles soll prächtig bestattet, Polyneikes aber von Raben und Schakalen gefressen werden. Er stellt die Person der Handlung dem Publikum vor. Alle sind indessen auf der Bühne anwesend, Karten spielend, strickend, miteinander plaudernd – auch die kleine, magere und eher unhübsche Antigone, die der bildschönen und augenscheinlich vielbegehrten Ismene jedoch an Intelligenz und Temperament deutlich überlegen ist.

Aus dieser Eingangssituation entwickelt sich die Handlung.

Antigone hat nachts ihren Bruder bestattet. Deshalb war sie aus ihrem Schlafzimmer entwichen, und nicht, wie ihre Amme meint, um den Verlobten Hämon zu betrügen. Man hat am Begräbnisort einen schmalen Fußabdruck neben einer liegen gebliebenen Kinderschaufel gefunden. Beim Versuch, Polyneikes Leiche besser mit Erde zu bedecken, wird Antigone ertappt. Sie bekennt sich vor Kreon zu ihrer Tat aus schwesterlicher Pflicht.

In der nun folgenden Auseinandersetzung mit Kreon stehen sich der Opportunismus des Königs und die unbedingte Pflichtauffassung des todesbereiten Mädchens unversöhnlich gegenüber. Die Suche Kreons nach einem Ausweg bleibt ergebnislos. Der tragische Ausgang ist vorgezeichnet. Anders als bei Sophokles fehlt der Teiresias.

Anouilhs ideeliche Konzeption macht den Seher überflüssig, denn sein Kreon bleibt unbelehrbar. Für ihn gibt es die Einsicht nicht, ein höheres, absolutes Recht, setze auch der Staatsräson Schranken. Kreon verharrt ohne Einsicht als Opportunist, auch als die Katastrophennachrichten auf ihn nur so eingestürmt sind.

Müde, einsam, tieftraurig sieht ihn die Szene, aber als die Pflicht ruft, weil für fünf Uhr ein Ministerrat angesetzt ist, heißt seine Antwort: „Gehen wir in den Ministerrat."

Business as usual – auch die drei Wächter kehren zum gewohnten Kartenspiel zurück. Der Vorhang – Sophokles kannte keinen – fällt.

Angesichts der Realitäten im teilweise unbesetzt gebliebenen Frankreich kann es nicht verwundern, dass Anouilhs Stück von einer zeitgenössischen Zuschauerschaft bitter-ironisch gesehen wurde, gleichsam als eine Tragödie des Résistance.

Bertolt Brecht behält zwar die Fabelführung des Sophokles in ihren Grundzügen bei und auch einen erheblichen Teil des hölderlinschen Textes. Schauplatz bleibt das alte Theben. Die Atmosphäre der griechischen Tragödie bleibt in vollem Umfang erhalten, aber Analogien zu deutschen Vorgängen in der Endphase des Zweiten Weltkrieges lassen eindeutig eine Antigone der Zeittypik des Frühjahres 1945 erkennen: „Zentrales Motiv der Brecht'schen Bearbeitung ist der Krieg zwischen Theben und Argos. Bei Sophokles war dies ein dynastischer Krieg, der, aus der Rivalität und Feindschaft zweier Brüder entstanden, an der Schwelle zu den in der Tragödie geschilderten Ereignissen mit dem Sieg der einen Seite geendet hatte. Bei Brecht hingegen setzt die Handlung auf dem Höhepunkt des Krieges ein, in dem Augenblick, da zum Sieg ‚ein kleines nur' fehlte und da Kreon durch Terror und Gewalt eine totale Mobilisierung aller Kräfte des Volkes von Theben erzwingen möchte und es endet mit der Nachricht des Boten von der Zerschlagung des thebanischen Heeres bei Argos, vom Untergang des ganzen Geschlechts des Kreon und mit ihm des thebanischen Staates. Der von Kreon vom Zaun gebrochene Krieg ist ein Raubkrieg und wird um die reichen Eisenerzlager von Argos geführt. Im Verlauf des Krieges verstärkt sich mit den zunehmenden Lasten im Lager der Thebaner der Widerstand gegen Kreons blutige Diktatur: Polyneikes desertiert aus Protest gegen den Krieg, der das Leben seines Bruders Eteokles hinweggerafft hat; auch die Auflehnung der Antigone ist weitgehend vom Gefühl humaner Empörung gegen den aggressiven Krieg und die Tyrannei des Kreon diktiert; und schließlich wendet sich der Chor der Alten, der die öffentliche Meinung des Volkes symbolisiert, schaudernd von dem Diktator ab.

In der Brecht'schen Bearbeitung drängen sich zweifellos in vielem konkret historische Parallelen auf: An Kreon erkennt man Züge eines faschistischen Diktators (bezeichnend sogar die Form der Anrede durch den Wächter: „Mein Führer!"), der Krieg zwischen Theben und Argos lässt an die faschistische deutsche Aggression gegen die Sowjetunion denken, Polyneikes, Hämons und Antigones Opposition gegen Kreon erinnert an den antifaschistischen Widerstandskampf usw. Außerdem weist auch der Prolog auf den gleichnishaften Charakter der Begebenheiten im alten Theben hin: Hier ist die Ausgangsposition in die Gegenwart verlegt – April 1945, Berlin lodert im Feuer der Bombennächte und Straßenkämpfe, und vor dem Publikum stehen junge Deutsche – Antigone, Ismene und Polyneikes Modell 1945."
(Ilja Fradkin, Bertolt Brecht. Weg und Methode, S. 278 f.)

Es mag wie eine Respektlosigkeit vor der großen Vergangenheit anmuten, wenn Brecht die Antigone-Thematik mit Tageswahrheiten angereichert hat. Doch dem entgegen steht seine eigene, gleichsam an Hegels Meinung anknüpfende Bekundung, die Antigone zähle für ihn zu den „größten Dichtungen des Abendlandes" (Die Antigone des Sophokles, Berlin 1969, Materialien, S. 52).

4. ANTIGONE, DES ÖDIPUS TOCHTER

Führt man sie auf den Kern des Geschehens zurück, so wird bald überaus deutlich, dass die Familiengeschichten der griechischen Sagenwelt keineswegs von vornehmen Sitten und feinen Leuten handeln.

Man betrachte in diesem Lichte den Iphigenie-Stoff, die Atridensage.

Da ermordet zunächst ein Onkel dreizehn Neffen (Atreus die Söhne des Thyestes). Dafür wird er mitsamt seinem Geschlecht verflucht und später von einem vierzehnten Neffen getötet (Aigisthos). Die Söhne des besagten Onkels (Agamemnon und Menelaos) heiraten zwei Mädchen aus Sparta (Klytaimnestra und Helena). Der eine wird Vater von vier Kindern (Elektra, Iphigenie, Chrysothemis und Sohn Orestes). Dem anderen raubt man die bildschöne Ehefrau (Helena).

Nun wird ein Kriegszug wider die Trojaner fällig. Um dafür gut Wetter von den Göttern zu erbitten, opfert der gefällige Schwager des Beraubten kurzerhand eine seiner Töchter (Agamemnon die Iphigenie). Dafür wird er später von seiner erbosten Gattin umgebracht (Klytaimnestra). Aber diese hatte die Rechnung ohne den eigenen Sohn gemacht, denn ein paar Jahre später bereits macht derselbe (Orest) ihr den Garaus. Der Fluch gegen das Geschlecht hat sich erfüllt.

Das Goethewort scheint hier am Platze: „Mein Freund, die Zeiten der Vergangenheit sind uns ein Buch mit sieben Siegeln" (Faust, 1, 125), obwohl sich natürlich in dem hier einmal ironisch gerafften Sagengeschehen wie auch in anderen mythischen Darstellungen durchaus reale Erfahrungen früherer Entwicklungsstufen widerspiegeln – etwa die Auseinandersetzung zwischen Mutterrecht und Vaterrecht.

Auch bestimmte Ereignisse des Antigone-Komplexes würden sich vortrefflich eignen, in Schlagzeilen nach Art der heutigen Boulevardpresse gefasst zu werden: „Göttlicher Liebhaber verbrennt schwangere Freundin" oder „Entmenschte Mutter zerreißt eigenen Sohn im Vollrausch" könnte es da heißen, und es wären doch seriöse Informationen, die sich auf Geschehnisse aus der Vorgeschichte des Antigone-Konfliktes beziehen. Das Personal eben dieser Vorgeschichte überschaubar zu machen, ist der Sinn der folgenden kleinen Übersichten:

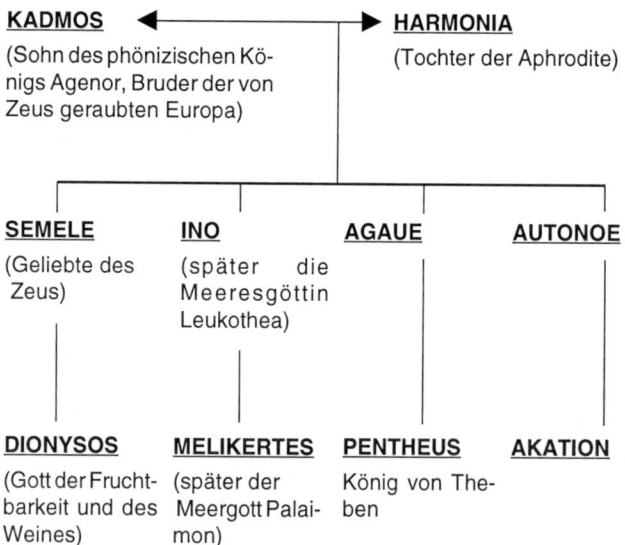

KADMOS ◀————————▶ **HARMONIA**

(Sohn des phönizischen Königs Agenor, Bruder der von Zeus geraubten Europa)   (Tochter der Aphrodite)

SEMELE   **INO**   **AGAUE**   **AUTONOE**

(Geliebte des Zeus)   (später die Meeresgöttin Leukothea)

DIONYSOS   **MELIKERTES**   **PENTHEUS**   **AKATION**

(Gott der Fruchtbarkeit und des Weines)   (später der Meergott Palaimon)   König von Theben

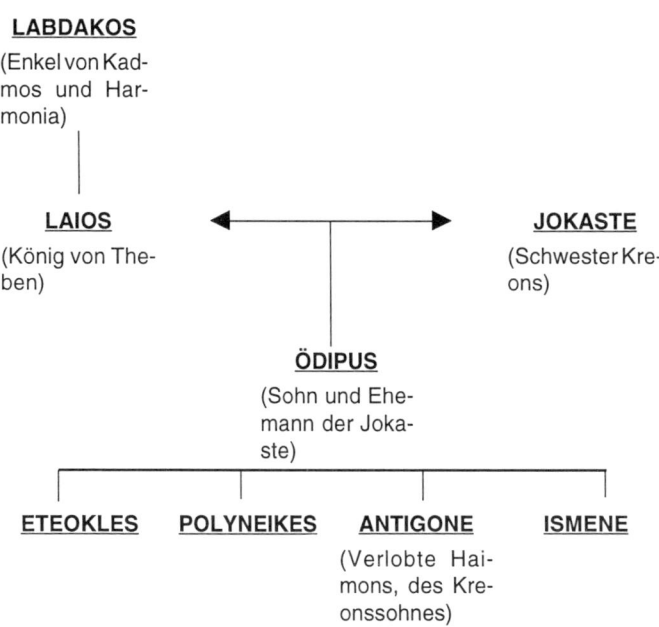

LABDAKOS
(Enkel von Kadmos und Harmonia)

LAIOS ◄────────► **JOKASTE**
(König von Theben)   (Schwester Kreons)

ÖDIPUS
(Sohn und Ehemann der Jokaste)

ETEOKLES **POLYNEIKES** **ANTIGONE** **ISMENE**

(Verlobte Haimons, des Kreonssohnes)

Die Geschehnisse selbst beginnen mit dem Erdenwandel des Olympiers Zeus. Der oberste der Götter hatte sich in einen zahmen weißen Stier verwandelt und die phönizische Königstochter Europa über das Meer nach Kreta entführt, wo sie ihm drei Kinder gebar. Europas Bruder Kadmos wurde vom Vater ausgesandt, die Entführte zu suchen.

Dazu angewiesen vom Orakel in Delphi gründete Kadmos in Boiotien an der Stelle, wo eine Kuh sich niederließ, die Kadmeia, die Burg des späteren Theben. Unweit von diesem Ort hauste an einer Quelle ein schrecklicher Drache. Mit dem Beistand seiner Schutzgöttin Athene tötete ihn Kadmos und säte die Zähne des Untiers aus. Als diese Drachensaat aufging, erhoben sich aus ihr geharnischte Krieger von wildem Aussehen und Wesen. Kadmos reizte sie durch einen in ihre Mitte geworfenen Stein dazu auf, sich gegenseitig im Kampf zu töten. Nur fünf von ihnen blieben übrig. Diese „Sparten" (Gesäten) wurden die Stammväter des thebanischen Adels. Sie bauten mit Kadmos die Burg auf, die später seiner Ehe mit Harmonia die Behausung gab. Vier Kinder wurden dem Paar geboren. Am Ende ihres Lebens wanderten Kadmos und Harmonia nach Illyrien aus und wurden in Schlangen verwandelt. Dem Burgherren schreibt man die Einführung des phönikischen Alphabets in Griechenland zu.

Auch ihren Kindern blieben schreckliche Schicksale nicht erspart. Semele wurde von Zeus geschwängert und erlitt beim leibhaftigen Erscheinen des göttlichen Geliebten den Flammentod. Ihre Schwester Ino wurde die Frau des Königs Athamas von Theben. Sie stellte ihren Stiefkindern nach, spann Ränke gegen sie, wollte beispielsweise den Stiefsohn mit Hilfe eines gefälschten Orakelspruches der Opferung zuführen. Schließlich musste sie sich – vor ihrem wahnsinnig gewordenen Ehegefährten fliehend – mit dem eigenen Sohn ins Meer stürzen, wo sie in die Meeresgöttin Leukothea verwandelt später den in Seenot geratenen Odysseus mit ihrem Schleier half.

Die dritte Schwester Agaue hing dem Dionysoskult an und glaubte in einem bacchantischen Taumel in ihrem Sohn ein hässliches Tier zu sehen, und zerriss ihn eigenhändig.

Ganz anders kam die Heimsuchung über die vierte der Töchter Autonoe. Sie musste den Verlust ihres Sohnes Aktaion beklagen, der von der Göttin Artemis voll Zorn in einen Hirsch verwandelt wurde, weil er sie und ihre Nymphen im Bade überrascht hatte, und der dann von seinen eigenen Jagdhunden zerrissen wurde.

Ein Enkelsohn des Kadmos wurde zum Begründer des Geschlechts der Labdakiden. Diesem König von Theben namens Labdakos folgte in der Herrschaftsausübung sein Sohn Laios, der mit der Thebanerin Jokaste vermählt eine Ehe führte, die zunächst kinderlos blieb. Der Zeitsitte folgend, wandte sich Laios an das bedeutendste unter den griechischen Orakeln, dasjenige von Delphi, um Auskunft zu erhalten über die künftige Entwicklung seiner Familie.

Ihm wurde die schicksalsschwangere Ankündigung zuteil, ein Sohn werde ihm geboren, der seinen Vater erschlagen und die eigene Mutter ehelichen würde.

Laios erhielt mit diesem Spruch gleichsam die Quittung für eine Jugendsünde. Als junger Mann hatte er sich in einen schönen Jüngling verliebt und diesen von seiner Heimat Elis, einer Landschaft im Nordwesten der Peleponnes, nach Theben entführt. Der Vater des Entführten verfluchte den Entführer: Niemals solle ihm ein eigener Sohn beschieden sein; falls aber doch, so möge dieser den eigenen Erzeuger töten.

Das Orakel bestätigte diesen Fluch nicht nur in seiner Grundaussage, es verschärfte ihn um die Inzest-Androhung. Die später folgenden Schicksalsschläge erweisen sich als Variationen zu demjenigen Thema, das mit des Laios Untat angeschlagen worden ist: der Fluch, welcher auf dem Geschlechte der Labdakiden von jener Entführung her lastet.

Solcherweise vorgewarnt, trachtete Thebens König dem angekündigten Geschick zu entrinnen. Der Erstgeborene Jokastes wurde mit durchbohrten Füßen nahe Theben ausgesetzt, um dort von wilden Tieren zerrissen zu werden, damit der Orakelspruch sich nicht erfüllen könnte. Doch korinthische Hirten fanden den Knaben und übergaben ihn ihrem kinderlos gebliebenen König Polybos, der ihn als seinen Sohn aufzog unter dem beziehungsreichen Namen Oidipus, was „Schwellfuß" bedeutet in Anspielung auf die dem Kinde zugefügten Verletzungen.

Oidipus wurde ein schöner, starker Jüngling, wohlgeübt in Waffendingen, klug und von rascher Auffassungsgabe, heftigen Gemütsbewegungen zugeneigt. Er war der Stolz seiner Pflegeeltern, mit denen er in herzlichen Einvernehmen lebte. Umso mehr kränkte es ihn, als ein Jugendgefährte die Bemerkung hinwarf, Oidipus sei nicht im Hause seiner wahren Eltern aufgewachsen.

Jetzt wendet sich Oidipus nach Delphi und erfährt von dem Gott des Orakels die rätselhafte Warnung, er werde seinen eigenen Vater töten und seine eigene Mutter zum Weibe nehmen.

Um dem prophezeiten Schicksal zu entkommen, wendete sich Oidipus weg von Korinth. Boiotien ist sein Ziel und später Theben, seine wahre Vaterstadt.

Doch zunächst gilt es ein Wegeabenteuer zu bestehen. In der mittelgriechischen Stadt Phokis gerät er in Streit mit einem greisen Wageninsassen und dessen Fuhrwerkslenker, die er beide erschlägt. Nur der dritte dieser Gruppe, der begleitende Diener, vermag nach Theben zu entkommen und die Nachricht vom Tode des Königs Laios zu überbringen, denn der getötete Greis war kein anderer, als des Oidipus leiblicher Vater, und der erste Teil des Orakelspruches hatte sich bereits erfüllt.

Theben wurde zu dieser Zeit von einem Ungeheuer, der Sphinx heimgesucht, das auf einem Felsen vor der Stadt lauerte, um jedem, der des Weges kam, ein Rätsel vorzulegen. Gelang ihm die Lösung nicht, fiel er der schrecklichen Mischgestalt zum Opfer. Die Sphinx, mit dem Oberkörper einer Frau und dem geflügelten Leib eines Löwen ausgestattet, verschlang ihn. Nachdem sich die Nachricht vom Tode des Laios in der Stadt verbreitet hatte, bot Kreon , des Königs Schwager, der Bruder von Königin Jokaste, demjenigen, der Theben von der Sphinx befreien würde, die Königswürde an und die Hand der verwitweten Königin.

Das Rätsel der Sphinx lautete: „Welches Wesen geht des Morgens auf vier Füßen, am Mittag auf zweien und am Abend auf drei Füßen?" Oidipus fand die richtige Antwort. Der Mensch bewegt sich am Morgen des Lebens, als Kleinkind, auf allen vieren; am Mittag seines Daseins, als Erwachsener geht er aufrecht, und der Lebensabend erfordert den stützenden Stab, gleichsam als den dritten Fuß.

Die enträtselte Sphinx stürzte sich besiegt vom Felsen, und der Sieger Oidipus führte Jokaste als seine Gemahlin heim, nichts ahnend, dass er damit den zweiten Teil des Orakels erfüllte.

Vier Kinder gingen aus dieser Verbindung hervor, die Söhne Eteokles und Polyneikes, die Töchter Antigone und Ismene. Lange Zeit übte Oidipus eine segensreiche Herrschaft über Theben aus, bis die Götter der Stadt, in welcher die heilige Ordnung auf so frevelhafte Weise gestört wurde, die Pest senden. Und wieder wurde das Delphische Orakel befragt nach den Ursachen. Weichen werde die Seuche erst, wenn der Mörder des Laios aus der Stadt entfernt worden sei, lautet die einigermaßen eindeutige Antwort.

Obwohl der Seher Teiresias davor warnte, setzte Oidipus die Suche nach dem Schuldigen mit großer Intensität fort und brachte schließlich die Wahrheit an den Tag, er selbst sei der Gesuchte und der Gatte der eigenen Mutter.

In tiefer Verzweiflung beraubte sich Oidipus des Augenlichts. Jokaste aber nahm sich das Leben.

Dieser Teil des Sagenstoffes bildet den Inhalt der Tragödie „König Oidipus". Die Ereigniskette wird wiederaufgenommen mit „Oidipus auf Kolonos". Hier erfährt die Leidensgeschichte des fluchbeladenen, geblendeten Oidipus ihre Gestaltung.

Geleitet von der Tochter Antigone gelangt er nach Athen, wo ihm König Theseus Schutz und Gastrecht gewährt. Auf diese Weise entgeht Oidipus den Verfolgungen durch die Thebaner unter der Anführerschaft Kreons. Seine beiden Söhne Eteokles und Polyneikes hatten mitleidslos für seine Vertreibung aus Theben gestimmt. Eigentlich wollten die Brüder in redlichem Miteinander die Herrschaft über

Theben teilen. Doch es kommt zwischen ihnen zu Streitigkeiten. Eteokles vertreibt Polyneikes von Thron und Stadt. Dieser wendet sich nach Athen, um Oidipus zu Hilfe gegen den eigenen Bruder zu rufen. Aber der Vater verflucht seine beiden Söhne, die so lieblos an ihm gehandelt haben. Er fleht Zeus um Erlösung von seinen Leiden an. Im Haine Kolonos, unweit von Athen, stirbt Oidipus einen sanften Tod. Antigone kehrt nach Theben zurück. Damit endet die Tragödienhandlung. Polyneikes wendet sich von Athen nach Argos, wo Adrastos herrscht. Er nimmt eine Tochter des Herrschers zur Frau und betreibt sodann einen Kriegszug gegen Theben. Unter der Führung des Adrastos vereinen sich die bedeutendsten Helden des Zeitalters, sieben an der Zahl. Vor der Stadt angekommen, stellen sich die Sieben den sieben Toren Thebens zum Angriff auf. Eteokles stellt ihnen berühmte thebanische Kämpfer entgegen. Er selbst aber trifft – dem Labdakidenfluche ausgeliefert – auf den eigenen Bruder Polyneikes. Beide erschlagen einander im Kampfe. Und außer Adrastos überlebt keiner der Athener sieben Führer die Kämpfe: Tydeos, Capaneos, Amphiarium, Parthonopäos und Hypamedon sterben wie Polyneikes. Dennoch gehen die Kämpfe tagelang weiter. Theben gerät in große Bedrängnis. Der Seher Teiresias weissagt, die Stadt werde gerettet, wenn man dem erzürnten Kriegsgotte Ares einen Abkömmling aus dem Geschlecht der Drachensaat-Männer zum Opfer bringt. Kreon, nach Eteokles Tod zum Herrscher aufgestiegen, opfert seinen ältesten Sohn Megaräos.

Dieser stürzt sich von der Zinne der Burg hinab in jene Schlucht, in der einst Kadmos den Drachen mit einem Stein erschlagen hatte. Dies bringt der Stadt die Rettung. Der feindliche Angriff bricht zusammen. Die Athener ziehen ab.

Am Morgen des folgenden Tages beginnt die Handlung der „Antigone"

5. DIE HANDLUNG DER TRAGÖDIE

Als Gerüst des dramatischen Geschehens ergibt sich folgende Fabel-führung:

Nachdem die Belagerer Thebens abgezogen sind, bleibt Polyneikes, der Bruder Antigones, unbestattet am Ort des Zweikampfes mit seinem gleichfalls getöteten Bruder Eteokles liegen. Des neuen Herrschers Kreon Gebot droht demjenigen die Todesstrafe an, der den Staatsfeind Polyneikes begräbt.

Dennoch ist Antigone fest entschlossen, obwohl ihr die Schwester Ismene die erbetene Hilfe verweigert. Sie begeht die Tat allein. Der Leichnam des Polyneikes wird symbolisch durch Bedeckung mit Erde bestattet, um ihm den Frieden mit der Unterwelt zu sichern. Auf Befehl Kreons legt man den toten Körper wieder frei, und bei einem Wiederholungsversuch wird die Täterin gestellt. Kreon verurteilt Antigone zum Tode. Ihr Verlobter, Kreons Sohn Haimon, versucht vergeblich, den Vater zur Zurücknahme seines Richterspruches zu bewegen. Man führt das Mädchen zur Hinrichtung in ein Felsengrab.

Der blinde Seher Teiresias mahnt Kreon, sich zu besinnen. Sein Bestattungsverbot beflecke die Stadt und verhöhne das Gebot der Götter. Mit der Prophezeiung unvermeidlichen Unglücks gelingt es Teiresias endlich, Kreons Starrsinn zu erschüttern. Der Herrscher will jetzt eigenhändig Antigone befreien und Polyneikes bestatten. Jedoch sein Entschluss kommt zu spät.

Antigone hat sich in der Grabkammer erhängt, Haimon sich an ihrer Seite entleibt. Auch Kreons Gemahlin Eurydike stirbt den Freitod angesichts katastrophaler Entwicklungen. Vereinsamt und gebrochen bleibt Kreon zurück. Er ist gescheitert an seiner Vermessenheit.

Prologos

In der Morgendämmerung treten Antigone und Ismene aus dem Königspalast auf den Platz hinaus, um unbelauscht miteinander reden zu können. Es ist der Morgen nach dem Abzug der Argeier. Die Brüder

der beiden Mädchen, Eteokles und Polyneikes, sind im Zweikampf gegeneinander umgekommen. Während Eteokles ein würdiges Begräbnis erhalten hat, gilt für den Staatsfeind Polyneikes das Gebot Kreons, seinen Leichnam unbestattet liegen zu lassen, Vögeln und Hunden zum Fraße. Wer gegen dieses Gebot verstößt, soll die Todesstrafe durch Steinigen erleiden.

Antigone will den Bruder dennoch beerdigen und fordert Ismene zum Mittun auf. Diese aber lehnt ab. Sie erinnert Antigone an das grausame Schicksal der Eltern – Oidipus und Jokaste. Jetzt nach dem tödlichen Zweikampf ihrer Brüder sind nur sie beide, Antigone und Ismene noch übrig. Gegen des Herrschers Gebot zu verstoßen, würde auch ihnen den Untergang bringen.

Jedoch Antigone bleibt bei ihrem Vorhaben. Schroff begegnet sie den Einwänden und Vorsichtsermahnungen Ismenes. Sie weiß um die Gefahr, nimmt sie aber in der Überzeugung auf sich, mit ihrer Tat göttlichen Willen zu erfüllen.

Anmerkungen:
Beide Gestalten erfahren im Verlauf dieser eröffnenden Szene eine Veränderung. Aus der Eintracht und Verbundenheit des gleichen Schicksals von den Eltern her wird am Ende die Zwietracht der ungleichen Schwestern. Ungleich insofern, als sich Antigone über die Denkweise ihrer dem Konformismus, der hergebrachten natürlichen Ordnung verbundenen Schwester erhoben hat. Während Ismene sichtlich bemüht ist, die Position der Schwester zu verstehen – sie hält sie zwar für töricht, aber dennoch dem sittlichen Gebot der Götter entsprechend – zeigt Antigone keinerlei Bemühen, der Schwester gerecht zu werden. Schroffheit prägt ihre Rede, Kälte und Ablehnung ihre Reaktion. Aus der betonten liebevollen Gemeinsamkeit der ersten Sätze hat sich Antigone am Szenenende trotzig in gewollte Vereinsamung zurückgezogen.

Parodos (Einzugslied des Chores)

Strophe 1:   Lobpreisung des Tages, an dem die Belagerer vertrieben sind

Gegenstrophe 1: Darstellung von Kampf und Sieg mit Hilfe der Götter

Strophe 2:   Darstellung der Hilfe durch den Kriegsgott Ares und des Bruder-Zweikampfes

Gegenstophe 2: Aufruf zum Siegesfest, das Bacchos führen soll

Anmerkungen:

Formal stimmt der Bau des Einzugsliedes mit allen übrigen von der Handlung abgesetzten Chorgesängen überein. Eine Ausnahme zeigt lediglich das III. Stasimon mit Strophe I und Gegenstrophe.

Der Chor agiert in ungetrübter Siegesfreude. Nichts scheinen die Choreuten zu ahnen von der konfliktträchtigen Entwicklung, die sich in der Eingangsszene angebahnt hat. Es fällt auf, dass der im unterschiedlichen Behandeln der toten Zweikämpfer veräußerlichte moralische Akzent – der gute Staatsverteidiger und der böse Staatsfeind – vom Chor hier nicht nachvollzogen wird.

Statt dessen steht im Vordergrund des Interesses augenscheinlich der kritisch gesehene Brudermord, welcher Vorwurf deutlich beiden Kämpfern gilt. Deshalb auch ist in der Strophe II unterschiedslos von den „schrecklichen Beiden" die Rede.

Am Schluss des Gesangs steht die Ankündigung von Kreons Auftritt, der im Glanze seiner neuen Herrscherrolle als Götterliebling erscheint. Gerade dies aber unterstreicht den erheblichen Kontrast zwischen der Düsternis der Eingangsszene und der harmlosen Ahnungslosigkeit des Chores, und es wirft einen ironisch anmutenden Vorausblick auf künftige tragische Entwicklungen.

Erstes Epeisodion

Kreon hat den Rat der Alten zusammengerufen, damit diese als die loyalsten Männer der Stadt seine Staatsrede hören und ihren Kerngedanken bestätigen sollen. Um sie bei der Treue zum Herrscherhaus zu packen, erinnert Kreon an Laios und Oidipus und stellt sich selbst mit ihnen in eine Traditionsreihe, sich auf die Blutsverwandtschaft berufend. Kreon legt dar, wie er bedingungslos zwischen Vaterlandsfeinden und Vaterlandsgetreuen zu unterscheiden gedenkt. Er motiviert mit der Bekundung seines eigenes Patriotismus das Edikt, welches Eteokles und Polyneikes betrifft: die ehrenvolle Bestattung für Eteokles, die Verweigerung der Begräbnisriten für Polyneikes, den Hunde und Vögel fressen mögen.

Der Redner schließt mit einer versteckten Drohung. Er werde verhindern, dass die Bösen vor den Gerechten Ehre erlangen, wer aber der Stadt ergeben sei, werde Ehrungen erfahren im Tode wie als Lebender. Der Chor (der Rat der Alten) reagiert ausweichend. Von Kreon zum Hüter der soeben verkündeten Grundsätze bestellt, erkennt er zwar an, dass dem Herrscher das Recht zusteht mit Toten und auch mit Lebenden zu verfahren, wie ihm gutdünkt, auf Grund ihrer Zuordnung zu den politisch Wohl- oder Übelwollenden. Aber der Chor macht Ausflüchte. Eine deutliche Lauheit der Zustimmung ist unverkennbar, auch als man sich schließlich der beruhigenden Selbsttäuschung bedient, es werde wohl niemand so töricht sein, sterben zu wollen und diese Tat begehen.

Kreon sieht sich gehalten, die Warnung nachdrücklich zu wiederholen, niemand möge sich aus Gewinnsucht verleiten lassen, Polyneikes zu bestatten.

In diesem Augenblick betritt der Wächter die Szene. Weitschweifig berichtet er über seine Ängste und Bedenken, Überbringer einer so schlechten Nachricht sein zu müssen. Furcht vor Strafe hieß ihn zögern und sogar umkehren, bis schließlich die Hoffnung auf ein gnädiges Schicksal ihn weiterführte. Dennoch vermag er nur unter Zittern und Zagen mit der Mitteilung herauszurücken, Polyneikes sei von einem unbekannten Täter symbolisch – durch das Bestreuen mit Erde – bestattet worden, dessen man nicht habhaft zu werden vermochte. Die Wächter – einer anderen Erklärung ermangelnd – hatten sich gegenseitig beschuldigt bis an den Rand einer Prügelei. Da aber jeder von ihnen bereit gewesen war, seine Unschuld durch ein Gottesurteil – das berühren glühenden Eisens und das Gehen durch Feuer – zu erweisen, blieb endlich nichts anderes übrig, als den König zu verständigen. Ihn, den Wächter, hatte das Unglückslos für diesen Botengang getroffen.

Der Chor reagiert mit einer theologischen Deutung: Es werde sich wohl um das Werk der Götter handeln.

Kreon, sichtlich in Zorn geraten, setzt dem seine Deutung entgegen: Unmöglich könnten die Götter einen ehren, der gekommen war, ihre Tempel zu zerstören und dem Lande die gesetzliche Ordnung zu nehmen. Seine politischen Gegner, die schon lange gegen ihn murren, hätten die Wächter mit Geld bestochen, um sein Edikt zu hintertreiben. Das Geld sei an allem schuld. Sollte es den Wächtern nicht gelingen, den eigentlich Schuldigen beizubringen, werde sie die Todesstrafe ereilen und obendrein die Folter ihr Geständnis erzwingen.

Auf diese zweite Grundsatzpassage Kreons bleibt eine Reaktion des Chores aus. Der Wächter hingegen, froh noch einmal davongekommen zu sein, entzieht sich mit einigen Äußerungen, die durchaus kritischen Mutterwitz verraten, der Situation. Er nimmt sich fest vor, Kreon nie mehr unter die Augen zu kommen.

Anmerkungen:
Diese erste Hauptszene weist eine dreifache Untergliederung auf. Sie beginnt mit Kreons Rede (1), setzt sich fort in der Wächterszene (2) und endet mit jenem Teil, der von der geäußerten Vermutung eingeleitet wird (Chor, 3) es handele sich bei der symbolischen Bestattung um das Werk der Götter.

Kreon hat den Rat der Alten einberufen, weil er sich loyaler Zustimmung zu den Maßnahmen des Herrschers durch diesen Personenkreis sicher wähnte. Dies gewinnt insofern an Bedeutung, weil sich der Herrscher des Vorhandenseins starker oppositioneller Kräfte in der Polis bewusst ist, wie wenig später – in Kreons Antwort auf die Vermutung der Choreuten, die Götter hätten gehandelt – deutlich wird. Aus diesem Bewusstsein heraus erwächst die Funktion eines politischen Prüfsteins für das Edikt über die Nichtbestattung des Polyneikes. (Dem Rezipienten unserer Tage fallen hier gewiss manche aktuelle Parallelen ein.)

Dazu fügt sich, dass Kreons Beeinflussungs-Instrumentarium die versteckte Drohung (gegenüber dem Chor) ebenso wenig fremd ist, wie die Androhung nackter Gewalt (gegenüber dem Wächter).

Die Gestalt des Wächters mutet merkwürdig „modern" an. Eine Mischung aus leiblicher Angst und lebensklugem Mutterwitz kennzeichnet ihn – der Vergleich mag gewagt sein – als einen früheren Ahnen des braven Soldaten Schwejk. Er behält das letzte Wort, und dieses Wort ist in einem gewissen Sinne entlarvend für den Herrscher: „Der Täter kränkt dein Herz, die Ohren ich. (319)" Kreon versteigt sich zu ungerechter, brutaler Drohung, die jeder Rechtsgrundlage schlicht entbehrt. Eine besonnenere Reaktion auf die vom Wächter genannte Wahrheit ist dem Verblendeten nicht mehr möglich.

Erstes Stasimon

Strophe 1:   Besungen wird der Mensch als Bezwinger der Elemente, der die Fähigkeit besitzt, die Erde auszunutzen, indem er sie – Symbol für die von Menschen geprägte Ordnung der Zeit – alljährlich unter den Pflug nimmt.

Gegenstrophe 1: Besungen wird der Mensch als Beherrscher der Tierwelt, der jagd und fischt, aber auch Tiere einfängt und sie sich dienstbar macht durch Domestikation.

Strophe 2:	Besungen wird der Mensch als intellektuelles Wesen, das Sprache und Denken entwickelt, eine Ordnung des Zusammenlebens im Staate hervorbringt und den Witterungsunbilden zu entgehen gelernt hat.

Das Planen der Lebensvorgänge weitet seine Möglichkeiten. Zwar setzt der Hades, der Tod, ihm eine unüberwindliche Schranke, aber selbst gegen schwere Krankheiten stehen ihm selbstersonnene Mittel zu Gebote.

Gegenstrophe 2:	Besungen wird der Mensch als ein gefährdetes Wesen, das sich ständig neu zu entscheiden hat für oder gegen Gesetz und Recht, für das Gute oder das Böse, wozu ihn die Kraft seines Geistes in die Lage versetzt. Achtung gebührt dem Gesetzestreuen, Missachtung dem, der Böses tut. Das Vorführen der ertappten Antigone löst Erstaunen aus. Man hätte es nicht erwartet.

Anmerkungen:

Die ersten drei Strophen enthalten eine wortgewaltige Darstellung menschlicher Errungenschaften und Talente. In bildhafter Sprache formt sich der Abglanz menschlicher Errungenschaften und Talente. In bildhafter Sprache formt sich der Abglanz menschlicher Leistungskraft, von Kampfesmut und Naturüberwindung. Jedoch im gleichen Maße wie die Selbstbefreiung des Menschen gelingt, wächst sein Bedrohtsein, wächst die Möglichkeit, dass er das rechte Verhalten verfehlt.

So lässt sich die Erkenntnis der vierten Strophe in dem Satz bündeln: Die menschliche Natur erweist sich als zwiespältig. Sie lässt das Edle, Gerechte, Gesetzestreue ebenso aufkommen, wie Bedrohliches, Ungeheures, Ablehnenswertes.

Die Beziehungen zwischen Handlungsablauf und Lied sind erkennbar ausgeprägt. Indem der Chor jedoch den Vorwurf gegen Antigone richtet, verkehrt er seine eigene Sentenz in ihr Gegenteil. Denn Kreon war es, der gegen „der Götter eidlich verpflichtet Recht" (368) verstoßen hat.

So konstatiert ein namhafter Kommentator: „Es spricht der irrende Chor, dem Verblendung das Verständnis für den göttlichen Auftrag Antigones verstellt". (Müller, G., Sophokles Antigone. Kommentar S. 87)

Zweites Epeisodion

Der Wächter kehrt wieder. Er triumphiert über die für ihn glückliche Lösung. Indem er die Täterin vor Kreon führt, wird die Drohung des Herrschers von ihm genommen. Doch der verblüffte König will zunächst nicht glauben, was er hört. So muss der Häscher seinen Bericht ein zweites Mal beginnen, ehe er dazukommt die Geschehnisse ausführlich und mit starker Bildhaftigkeit darzubieten.

Noch einmal verspürt er von der Angst der angedrohten Strafe, um dann überzuleiten zum eigentlichen Geschehen: die nach Verwesung stinkende Leiche, aufkommender Sturm, Staub nimmt die Sicht, das unvermittelte Auftauchen des Mädchens, ihr Jammer über Polyneikes, der erneut unbefleckt daliegt, die Beherrschtheit der Täterin, als sie festgenommen wird.

Kreon entlässt den Wächter, und die Handlung geht über in eine Auseinandersetzung zwischen ihm und Antigone.

Das Mädchen bekennt ausdrücklich, bewusst gegen Kreons Edikt gehandelt zu haben. Die beruft sich auf die ewigen Gesetze der Götter. Nicht ein Gebot des Zeus oder das eines anderen Gottes habe sie übertreten, sondern das eines Sterblichen. Die ungeschriebenen Gesetze der Götter aber, welche das Totenrecht betreffen, stehen ihr höher. Auf den Tod ist sie gefasst. Und wenn er sie nun ereilen sollte, so wird er auch eine Befreiung von unwürdigen Lebensumständen bedeuten. Denn unter den Bedingungen des Verbotes leben, könnte sie nicht. Wenn Kreon ihr nun Torheit verwerfe, so wäre es ein Tor, der diesen Vorwurf erhebt.

Der Chor zeigt Gemütsbewegung angesichts von Antigones Charakterfestigkeit. Er erinnert an das Geschick ihres Vaters Oidipus und erkennt in ihr gleichsam eine würdige Tochter dieses Vaters, die dem Missgeschick nicht ausweicht.

Kreon ist mit dem Chor unzufrieden, der solche Bekundungen des Hochmuts noch mit Anerkennung registriert. Wie Stahl im Feuer spröde und ein wildes Pferd gezügelt lenksam werden, so werde auch dieser Hochmut zerbrechen, der einem Wesen nicht zukäme, das eines anderen Sklave sei. Würde diese Tat ungesühnt bleiben, so hieße das, ihn seiner Manneswürde zu berauben: „Und nicht ich wäre der Mann, sondern sie wäre es..." (484).

Trotz ihrer Verwandtschaft – Antigone ist Kreons Nichte – müsse sie Strafe erleiden. Kreon befiehlt Ismene herbeizuholen, deren Mitschuld er für sicher hält und die ebenfalls bestraft werden soll.

Antigone fragt fast höhnisch: „Willst du noch mehr als mich töten lassen..." (497). Im folgenden Disput bekennt Kreon, mit Antigones Tod, sei sein Anspruch erfüllt. Dies wird zum Ausgangspunkt einer neuerlichen Gegenüberstellung der beiden Grundansichten: Antigone will die toten Brüder beide bestattet sehen. Darin sieht sie die Erfüllung göttlichen Willens. Kreon unterscheidet den Eroberer vom Verteidiger, den Guten vom Bösen, den Bestattungswürdigen vom Unwürdigen.

Antigones Bekundungen gipfeln in dem häufig zitierten Satz, der aussagt, sie sei nicht zum Hassen geschaffen, wohl aber mitzulieben.

Der Chor kündigt Ismenes Erscheinen an. Kreon beschuldigt sie der Teilnahme an der Tat, und Ismene bekennt sich dazu. Doch Antigone weist diesen Anspruch auf einen Anteil an der Schuld kalt zurück. Sie erinnert an Ismenes Weigerung, es sei genug, wenn sie selbst den Tod erleide. Als Ismene noch einmal ihre Schuld bekennen will, fährt Kreon höhnisch dazwischen, Antigone wäre schon immer von Sinnen gewesen. Nun geselle sich Ismene ihr zu.

Kreon spricht das Todesurteil über Antigone, und weder Ismenes noch des Chores Bedenken verfangen in irgendeiner Weise, die sich darauf richten, der König sei im Begriffe die Braut des eigenen Sohnes hinzurichten. Die Mädchen werden in den Palast geführt.

Anmerkungen:

Das zweite Epeisodion vereint die zweite Wächterszene, die Auseinandersetzung zwischen Kreon und Antigone, den zweiten Ismeneauftritt. Bedingt durch solche Handlungsfülle, die einher geht mit dem Auftritt von vier Personen, verfügt dieser Tragödienabschnitt über starke Lebendigkeit. Die Handlungssituation zeigt eine neue Qualität: Der Täter ist bekannt. Dies wiederum eröffnet Möglichkeiten, die hervorstechenden Wesensmerkmale der Figuren schärfer auszuprägen: Kreons Hingegebensein an die eigene Rachsucht, Antigones feste Bindungen an Familiensinn und Göttergebot, Ismenes Schwanken und des Wächters Erleichtertsein, das für Mitleid gegenüber der Delinquentin keinerlei Raum lässt.

Als eines der vieldiskutierten Tragödienprobleme steht die Frage von Antigones Todesbereitschaft im Blickpunkt sekundärliterarischer Betrachtungen. In den gleichen Zusammenhang rückt das Antigone-Wort: „Nicht mitzuhassen, mitzulieben bin ich da."

‚Liebe' kann hier nicht als personale, individuelle Zuneigung gedeutet werden, sondern bezieht sich ausschließlich auf die Blutsverwandtschaften, ebenso wie die Todesbereitschaft der Heldin durch familiäre Bande fixiert ist.

Käte Hamburger merkt dazu an: „Die Todesbereitschaft Antigones hat ihre objektive, ihr selbst bewußte Ursache im Verlassensein von den Ihren, den Blutsverwandten. Aber das Clanbewußtsein ist freilich so tief mit dem Lebensgefühl Antigones verbunden, ja mit ihm identisch, daß Todeswunsch und Clanbewußtsein in dieser Situation ihres Lebens zusammenfließen und zur dramatischen Handlung führen, sich in ihr vereinigen. Und deshalb kann man zur Interpretation der Gestalt sagen, daß sie als eine zutiefst archaische, von einem spezifisch chthonischen Lebensgefühl geprägte sich darstellt, und sie weist nicht zufällig auf die unteren, die chthonischen Götter hin, deren Gebot sie zu folgen habe."

(Von Sophokles zu Sartre. Griechische Dramenfiguren antik und modern, S. 200)

Die Weitsicht der Antigone offenbart sich in der Auseinandersetzung mit Kreon innerhalb dieser Szene wohl am deutlichsten. Wenn sie ihr Handeln motiviert: „Ich war nicht bereit, aus Furcht vor Menschenstolz von den Göttern Strafe zu erdulden" (458-459) und neben Zeus die Göttin Dike erwähnt, die zu den Gottheiten im Reiche der Toten zählt, ist das Ausmaß ihrer Welt umrissen: vom Olymp bis zum Hades. Den Gesetzen dieser Welt gehorcht sie, den ungeschriebenen Gesetzen. Von daher kommt die Grundsätzlichkeit und Universalität jenes Konfliktes, den sie mit Kreon auszutragen hat: „Der Konflikt zwischen Antigone und Kreon ist mehr als einfach ein Kampf zwischen zwei starken Persönlichkeiten. Sophokles Charaktere sind immer lebendig, groß und unabhängig, aber sie stehen auch immer für etwas, das größer ist als sie selbst. Psychologie allein läßt sie uns nicht verstehen, denn Sophokles treibt keine Psychologie um ihrer selbst willen. Es scheint ein ebenso fundamentaler Irrtum, in der Antigone nur den Konflikt zweier Charaktere zu sehen wie nur den Kampf zweier Ideen. Familie und Staat, Mystizismus und Rationalismus, persönliches Gewissen und öffentliches Recht – soweit solche Gegensatzpaare überhaupt etwas Wahres enthalten, ist all das in dem Konflikt zweier grundsätzlicher Auffassungen der Weltordnung inbegriffen. Es dürfte klar sein, daß es sich hierbei nicht um individuelle Auffassungen handelt, die ihren Ursprung in Kopf und Herz der beiden Gegner hätten. Eine unüberbrückbare seelische Kluft trennt Antigone und Kreon in allem, was sie sind und tun und man darf da nicht einfach und unzulänglich von einem ‚Widerstreit der pflichten' oder dem ‚Kampf zweier Willen' reden. Alle persönlichen Gefühle und Erfahrungen sind dem Widerstreit zweier entgegengesetzter Überzeugungen vom Sin-

ne des Daseins unterworfen. Antigone glaubt an eine göttliche Weltordnung; Kreon hält sich an irdische Gesetze und Normen, ebenso für
den Einzelnen wie für den Staat."

(Victor Ehrenberg, Sophokles und Perikles, S. 38 f.)

Zweites Stasimon

Strophe 1:	Lobpreisung der Menschen, die von Unglück verschont bleiben, die Macht der Götter kann Unheil bringen von Generation zu Generation, ewig wie des Meeres Wellen
Gegenstrophe 1:	Das Haus der Labdakiden als Beispiel für die Wirkungen des göttlichen Geschlechtsfluches. Auch der letzte Lichtstrahl, welcher mit Antigones und Haimons Verlobung erglänzte, erlischt nun.
Strophe 2:	Lobpreisung der Allmacht des Zeus, die unaufhaltsam ist, nie ruht, ewig jung bleibt und deren ordnender Kraft sich der Mensch nicht zu entziehen vermag.
Gegenstrophe 2:	Warnung vor dem Verblendetsein. Die Hoffnung kann dem Menschen Segen oder Täuschung bedeuten. Selbst das Böse kann dann als gut erscheinen für einen kurzen Zeitraum, sofern die Götter den Menschen ins Unglück führen, das bald darauf eintritt.
	Zum Ende der Strophe kommend, kündigt der Chor das Erscheinen Haimons an, der in Sorge um die Braut die Szene betritt.

Anmerkungen:

Das Lied kreist um zentrale Begriffe: Unheil, Macht der Götter,
Verblendetsein der Menschen und Labdakidenfluch.

Antigone, dem Chor jetzt als Täterin bekannt und schuldig nach der Thebaner Anschauung, verfällt moralischer Verurteilung. Der Chor diagnostiziert sie als Opfer des Labdakidenfluchs, der sich infolge ihres Verblendetseins an dem Mädchen vollzieht. Mit dieser Sichtweise reduziert sich freilich Kreons Rolle auf die eines Vollstreckers des Götterfluches. Und die Zielrichtung der Chormahnung weist deutlich auch auf ihn, den in seiner Rachsucht Verblendeten. Die Gliederung weist Zusammengehörigkeit der ersten mit der zweiten Strophe sowie der dritten mit der vierten auf. Gegenstand des ersten Strophenpaares ist das Unheil, welches über dem ganzen Geschlecht der Labdakiden lastet. Gegenstand des zweiten Strophenpaares ist das Unheil, welches aus dem Versagen des einzelnen Menschen erwächst. Wie ein Kehrreim ertönt die Ankündigung kommenden Unheils am Ende jeder der beiden Strophen, deutlich mit dem Charakter einer Vorausweisung auf die nahe Katastrophe.

Drittes Epeisodion

Obwohl Haimon erregt ist, versichert er auf des Vaters Frage, ob er im Zorn gekommen wäre, seine unwandelbare Sohnestreue. Kreon hält einen langen Grundsatzmonolog (42 Verse), von Haimon nicht unterbrochen. Er fordert unbedingten Gehorsam und variiert diesen Gedanken an folgenden Gegenständen:

- – Verhältnis zwischen Vater und Sohn
- – Haimons Verzicht auf Antigone
- – Gründe für das Todesurteil
- – Gehorsam der brauchbaren Bürger
- – verderbliche Wirkung der Anarchie
- – Unmöglichkeit, sich von einem Weibe das Gesetz des Handels aufzwingen zu lassen.

Der Chor erkennt an, Kreons Rede sei vernünftig. Dann hebt Haimon zu einer ebenfalls monologischen Entgegnung an. Geschickt schließt er an das Werturteil des Chores an, indem er mit höflicher Vorsicht schrittweise von des Vaters Auffassung abrückt, die Choreuten sanft korrigierend. Auch anderer Weisheit sei zu beachten, gibt er zu bedenken. Der König verbreitete unter dem Volke Furcht und Schrecken, so dass ihm die Volksstimmung verborgen bleibe. Mithin müsse er entscheiden, ohne sie zu kennen, die ganz auf der Seite Antigones sei. Volkes Stimme meine, das Mädchen verdiene für die Bestattung des Polyneikes Ruhm und Ehre. Sich auf die Anschauungen Dritter berufend, stellt Haimon in reichen Sprachbildern der Gehorsamsforderung Kreons die eigene Forderung nach einsichtsvollem Handeln des Königs gegenüber. Er bleibt dabei um Harmonie zum Vater bemüht und lässt seine Rede gipfeln in der Mahnung zum Lernen.

Der Chor kann sich der inneren Kraft von Haimons Rede nicht entziehen. Dem Herrscher stünde es wohl an, aus trefflicher Rede zu lernen, merkt er deshalb an, um aber sogleich nach versöhnlerischer Altmännerart verflachend hinzuzufügen, auch Haimon müsse bereit sein, von Kreon zu lernen, da dieser ebenfalls Verständiges gesagt habe.

Der monologische Charakter des Szenengeschehens verändert sich jetzt zum Dialog, der mit zunehmender Heftigkeit geführt wird. Von Kreons Seite auch mit Unsachlichkeit. Er führt die Zahl seiner Jahre ins Feld, erhebt den Vorwurf, die Volksmeinung solle zum Regierungskonzept gemacht werden, beansprucht erneut schrankenlosen Gehorsam und wirft Haimon vor, sich zum Sklaven eines Weibes zu erniedrigen. Haimon beruft sich auf Vernunftsgründe. Er betont, aus Fürsorge für den Vater zu argumentieren. Doch er findet kein Gehör. Der Disput gewinnt an Schärfe bis hin zu einer gefühlsrohen Anspielung des Königs auf Antigones bevorstehende Hinrichtung: „Dass du die im Leben heiratest, ist nicht mehr möglich" (750)

Haimon reagiert mit der von Kreon in rasender Verblendung in den Wind geschlagenen Drohung, sich selbst zu entleiben. Jähzornig befiehlt der König, Antigone herbeizuschaffen, um sie vor den Augen ihres Bräutigams hinzurichten. Haimon verlässt den Ort des Geschehens in leidenschaftlicher Erregung. Noch einmal hat er seinen Freitod angedroht. Der Chor, beeindruckt von seinem Aufgewühltsein, warnt vor der möglichen Katastrophe. Doch Kreons Starrsinn bleibt ungebrochen. Er entscheidet, Antigone solle lebendig in eine Grabkammer eingemauert werden, versehen mit ein wenig Speise und Trank. Auf diese Weise bleibe die Stadt von Blutschuld unbefleckt. Die letzte Entscheidung, ob Antigone zu Tode käme wird so gleichsam an den Hades delegiert.

Noch eine zweite Entscheidung trifft Kreon: Ismene soll leben dürfen.

Die Schlussverse sind deutliche Vorausverweisungen auf Kreons Scheitern. Sie markieren einen Wandel vom Verblendet-Sein zum Verblendet-Sein-Wollen des Königs.

Anmerkungen:

Mehrfach, sowohl im Verlaufe des monologischen wie des dialogischen Szenenteils betont Haimon, er handle in seines Vaters Interesse.

„Dein bin ich, Vater!" (635) ist sein erstes Wort, und noch nahe dem stürmischen Höhepunkt des Streitgesprächs wird der Sohn nicht müde, dem zornrasenden Vater zu versichern, auch für ihn, der „der Götter Ehre mit Füßen" (745) tritt, spreche er.

Die Situation Haimons ist komplizierter als die Choreuten zunächst deuten. Wohl bindet ihn das Verlöbnis an Antigone, aber das Sohnesverhältnis bindet ihn nicht minder stark an Kreon. Seine Haltung ist keineswegs die des Liebhabers, der das geliebte Weib zu schützen sucht um jeden Preis, gleichgültig weshalb man ihr ans Leben will. Seine Haltung ist vielmehr das Resultat einer intellektuell fundierten Überzeugung, die verkürzt lautet: Antigone hat Recht. Und so gibt es für den in doppelte Beziehungsfäden Eingesponnenen keine folgerichtigere Position als diejenige, welche sich darauf richtet, den König vor einer Unrechtstat zu bewahren. Nur so kann er Vater und Braut gleichermaßen nützen.

Vor diesem Hintergrund verdienen Haimons Ergebenheitsbeteuerungen gegenüber dem König nicht, als bloße Höflichkeitsfloskeln und diplomatisches Sprachgebaren abqualifiziert zu werden. Sie sind mehr, sind redlicher, drücken Ernst gemeintes aus. Haimon ist vor dem Seher Teiresias der erste von zwei Mahnern.

Es fällt auf, dass seine Argumente ausschließlich sachlichen, politischen Ursprungs sind, des gefühlvoll-verliebten Gehaltes aber völlig entbehren. Nirgendwo gibt es einen Hinweis auf Antigones Jugend, ihr Lachen, ihren Charme, statt dessen wird auf das Verdienstvolle ihrer Tat, auf politische Überlegungen und Bürgerhaltungen abgehoben.

Victor Ehrenberg meint in diesem Zusammenhang: „Haimons Fürbitte wendet sich mehr an den König als an den Vater, und er gebraucht zuletzt die typischen politischen Argumente der Polis gegen die Tyrannis. Auf diesem Boden fühlt sich Kreon sicher: es ist seine eigene politische Welt, und der Gedanke, die Bürger könnten gegen sein Handeln sein, beängstigt ihn nicht; da dreht es sich schließlich nur um eine Machtfrage. Am Ende kehrt sich sein Absolutismus gegen die von ihm selbst verkündeten Prinzipien, und das macht es ihm zugleich unmöglich zu verstehen, mit welch tiefer Lauterkeit sein Sohn zu ihm spricht." (Sophokles und Perikles, S. 74)

Die Funktion der Haimon-Szene im Aufbau des Stückes ist zwiefacher Natur. Zum ersten bereitet sie vor auf die Katastrophe am Ende der Handlung, indem sie das Motiv vom Tode des Königssohnes anklingen lässt – unterstrichen durch die Warnung des Chores. Zum anderen bereitet sie die große Antigone-Szene vor, indem das Unsinnige an der Handlungsweise Kreons hier noch einmal in zugespitzter Form verdeutlicht wird, zu einem Zeitpunkt, da sich alles noch ändern ließe, käme es nur zu jener Einsicht, um die Haimon mit dem Vater ringt.

Kurt von Fritz wertet: „Mit der Haimonszene setzt die Steigerung ein. Sie ist schon dadurch gegeben, daß Haimon Kreon unvergleichlich viel näher steht als Ismene, dann aber vor allem dadurch, daß dem Kreon hier nicht Hilflosigkeit, sondern eine feste Überzeugung gegenübertritt ..... die Voraussetzung für die ganze Szene ist, daß er

(Haimon) glaubt, seinen Vater umstimmen zu können, aber natürlich nicht durch Argumente einer persönlichen Leidenschaft, sondern dadurch, daß er ihm zeigt, daß das Recht nicht so auf Kreons Seite ist, wie dieser glaubt. Erst als er auf absolute Verständnislosigkeit stößt, als Kreon jeder sachlichen Auseinandersetzung ausweicht und mit starrsinniger Hartnäckigkeit immer wieder auf deinen Autoritätswahn zurückkommt – dem Sohn gegenüber, der nichts mehr wünschte, als der e c h t e n Autorität des Vaters bedingungslos folgen zu können – , erst da wendet sich Haimon gegen den Vater: in Verzweiflung über dessen Verblendung. Gerade diese Steigerung ist ganz ausgezeichnet." (Antike und moderne Tragödie. Neun Abhandlungen. darin: Antigone, S. 231 f.)

Drittes Stasimon

Strophe 1:	Besungen wird die Größe des Eros, der Macht ausübt über Götter und Menschen, ungehemmt von Grenzen zwischen Meer und Land, und der den Betroffenen die Sinne verwirrt.
Gegenstrophe 1:	Selbst Gerechte zur Ungerechtigkeit zu verführen, vermag Eros, wie der Familienstreit es zeigt, in dem die Liebe Haimon zur Verletzung des Sittengesetzes anstachelte. Der Anblick Antigones, wie sie zum Tode geführt wird, lässt den Chor in Tränen ausbrechen.

Anmerkungen:

Der Chor folgt jener Linie, die er im zweiten Stasimon eingeschlagen hat mit dem Erkennen vermeintlicher, schwerer Schuld Antigones. Die Liebe zu dem Mädchen hat Haimon nach seiner Ansicht gegen das Sittengesetz getrieben. Er ist Opfer des Eros. In schlichter Alltagssprache ausgedrückt, bedeutet dies: Die Choreuten haben wieder nichts begriffen. Es ist ihnen entgangen, von welcher Grundlage aus Haimon gegen Kreon opponierte. Es ist ihnen entgangen, dass der junge Mann im Rededuell viel weniger ein besorgter Liebhaber, als ein besorgter Sohn war. Die Meinung des Chores ist falsch, Antigone sei die Verführerin, sei das Werkzeug des Eros.

Eben noch hat man in selbstgerechten Formulierungen gegen den verwirrenden Einfluss des Eros auf Sitte und Gesetz räsoniert, da lässt der Anblick der Delinquentin Tränen quellen. Die königskonforme Selbstgerechtigkeit weicht schlagartig dem Mitleid. Kreons Isolierung schreitet offensichtlich fort.

Ob man freilich mit einigen Interpreten soweit gehen sollte, im mitleidsvollen Weinen bereits eine eindeutige Parteinahme für Haimon zu sehen, unterliegt doch einigem Zweifel.

Wahr indessen mag sein, dass der Dichter Sophokles, der möglichen dramatischen Wirkung wohl bewusst, auf geschickte Weise einen inneren Zustand der alten Männer zu veräußerlichen suchte: ein Unwohlsein angesichts offenkundigen Unrechts, dem man aber, dem eigenen Rollenverständnis folgend, o h n e Parteinahme zuzusehen gezwungen war.

„Die Greise des Chores", sagt Ehrenberg, „ergreifen zwar hin und wieder Partei, aber im ganzen halten sie an konventioneller Frömmigkeit fest und, wenn es sich um die Aufgabe der Regierenden handelt, beschränken sie sich darauf, ‚nichts zu wissen'."

(Sophokles und Perikles, S. 91).

Viertes Epeisodion

Antigone wird zur Grabkammer geführt. Ihr zur Seite gehen die, welche sie einmauern werden. Zunächst gibt es einen Wechselgesang zwischen der Heldin und dem Chor.

Antigone beklagt ihr Schicksal, indem sie es zergliedert analysiert. Der Chor ist mit billigen Trostworten zur Hand, die oberflächlich hingesagt den Versuch machen, aus dem Elend der Situation Positives herauszufiltern: Ruhm und Ehre, das nicht-krankheitsbedingte Sterben, die

Schicksalsparallelität zur Göttin Niobe. Es handelt sich samt und sonders um Pseudoargumente, die von der Delinquentin eher als Hohn, denn als trostreiche Kundgebungen empfunden werden. Sehr bald wird deutlich, dass die Greise nur höflich sein wollen, rücksichtsvoll gegenüber einer zum Tode Geführten. Denn trotz ihrer tränenseligen Rührung mögen sie nicht verzichten auf den Schuldspruch. Als Antigone auf die Urteilsqualität kritisch zu sprechen kommt, wiederholt der Chor in aller Klarheit den anklagenden Vorwurf und erinnert an das Wirken des Geschlechtsfluches.

Antigone fühlt sich verhöhnt. Umsonst müht sie sich verzweifelt, mit zu Herzen gehenden Worten das Sinnlose ihres Sterbens begreiflich zu machen.

Der Chor rückt vom Schuldvorwurf um keinen Millimeter ab, wenn er auch anerkennen muss: „Die Toten ehren bedeutet frommes Tun" (872).

Als Kreon die Szene betritt, meint er in Antigones Klageworten ein Mittel zu erkennen, mit dem die Delinquentin versucht, die Hinrichtung herauszuzögern. So mahnt er die Schergen zur Eile.

Im Angesicht des nahen Todes spricht Antigone ihren großen Abschiedsmonolog. Noch einmal begründet sie ihre Tat und verbindet dies mit ihren Erwartungen an den Hades. Die Grundmotive des bisherigen Geschehens werden hier erneut angesprochen: das Unglück von Oidipus und Jokaste, die Brüder Polyneikes und Eteokles, die Haltung der Thebaner zu Antigones Tat, ihr festes Bewusstsein, im Sinne der Götter ungeschriebene Gesetze erfüllt zu haben.

An entscheidender Stelle des Monologs bekennt Antigone den Vorrang der Bruder- vor der Gattenliebe. Die beklagt es, ihr Leben enden zu müssen, noch ehe es seinen Sinn in der Ehe und Familie erfahren hat.

Kreons erneutes Drängen lässt das Mädchen in den ahnungsvoll-bangenden Schmerzensruf ausbrechen: „O weh, wie nahe am Tod kommt dies Wort" (933-934).

Der Chor resigniert. Auch Trostworte vermögen nichts mehr aufzuhalten. Ungebrochen, fast verachtungsvoll auf ihre edle Herkunft verweisend, beteuert Antigone mit den letzten Worten ihre innere Sicherheit, auf der Seite des Rechtes zu stehen.

Anmerkungen:

Die Antigone-Szene gehört zu den meistdiskutierten Passagen der Handlung, lebt sie doch von einem bemerkenswerten Widerspruch. War in der zweiten Wächterszene Antigones Haltung dem Tod gegenüber von fast selbstverständlicher Hinnahme geprägt, so wird diese jetzt deutlich korrigiert. Das Klagen über ein böses Ende wird zum zentralen Motiv der Szene. Und ganz selbstverständlich erhebt sich die Frage, weshalb Sophokles seiner Heldin diese Kundgebung des Lebenswillens zueignet, die Vorangesagtes teilweise in Frage zu stellen scheint.

Fast einhellig wird in der Literatur darauf hingewiesen, der Grund sei zunächst psychologischer Natur. Es ist eben ein anderes, über den Tod zu philosophieren, wenn er noch nicht gestorben sein will, als ihn unmittelbar vor Augen zu haben – ein Effekt, den sich sehr viel später ganze Generationen vaterländischer Erziehungsbücher zunutze gemacht zu haben.

Auch entspricht es durchaus griechischer Tradition, dass der Held sein Los beklagt, wenn er dem Schattendasein im Hades verfällt, und niemand empfand dies als eines tapferen Mannes unwürdig.

Schadewaldt hat darauf hingewiesen, die Erschütterung Antigones resultiere aus dem Bewusstsein des Rechts zu ihrer Tat (vgl. Sophokles Antigone, übersetzt und mit erläuternden Aufsätzen, Insel-Verlag, 1974). Und in der Funktion für den dramatischen Ablauf – hier folgen wir Käte Hamburger – korrespondiert die Antigone-Szene mit der Teiresias-Szene in einer deutlichen Wechselbeziehung. Sie bereitet den Boden vor für das retardierende Element. Antigone wird ja nicht, wie die ursprüngliche Strafandrohung es vorsah, gesteinigt, sondern sie wird einem vermeintlich aufhaltsamen Sterben überantwortet: „Die Teiresias-Szene endet damit, dass Kreon zur Rettung eilt. Die Möglichkeit, dass Antigone noch lebt, liegt nahe. So lange der Mensch lebt, lebt auch die Hoffnung auf Rettung aus verzweifelter Lage. Und eben hier wird der Zusammenhang zwischen den Worten des Lebenswillens und der Rettungsmöglichkeit sichtbar. Sie sind zu verstehen oder können verstanden werden als eine gleichsam kontrapunktische Setzung zur Tötung durch eigene Hand, ehe die Rettung möglich werden konnte, als Zuordnung zur Teiresias-Szene, die diese Möglichkeit bedeutet und als Möglichkeit das Geschehen auch zur Lebensseite hätte wenden können. Diese Möglichkeit des Lebens ist vorbereitet durch die Äußerung des Lebenswunsches. Daß aber die Rettung sozusagen gegen die natürliche Lage der Dinge, zu spät kommt, bedeutet nichts anderes, als daß der Todeswille Antigones dennoch stärker ist als der Lebenswille, dessen Kundgebung in der Struktur des Dramas die Funktion hat, den absoluten Primat der Todesbereitschaft hervortreten zu lassen." (Von Sophokles zu Sartre, S. 199)

An markanter Stelle des Abschiedsmonologes findet sich Antigones Bekenntnis zur Priorität der Bruderliebe. Die Pflichterfüllung an Polyneikes überwiegt gegenüber der entgangenen Gattenliebe und Mutterschaft.

Man weiß, dass Goethe diese Stelle überaus kritisch gesehen hat und den Wunsch empfand, ein „tüchtiger Philologe" möge erscheinen, der „uns bewiese, sie wäre eingeschoben und unecht" (Gespräch mit Eckermann, 28. März 1827). Eine Betrachtung gewinnt in diesem Zusammenhang erhellende Bedeutung, die Kurt von Fritz in seinem Aufsatz „Haimons Liebe zu Antigone" anstellt: „Nur von der modernen Vorstellung, als ob die Liebesleidenschaft als solche etwas Hohes oder gar ethisch Wertvolles sei, trage man nichts in das Stück hinein. Von dieser Vorstellung war gerade das ältere Griechentum vollkommen frei. Man möchte fast sagen: vielleicht hat gerade deshalb auch die Liebesleidenschaft in der älteren griechischen Dichtung ihren unmittelbarsten menschlich ergreifendsten Ausdruck gefunden, weil sie sich von der unklaren Vermischung der erotischen und der ethischen Sphäre – zu der die Liebe zwischen Eltern und Kindern und das Verhältnis der Ehegatten gehört – vollkommen frei gehalten hat." (Antike und moderne Tragödie, S. 236)

Viertes Stasimon

Während Antigone weggeführt wird, stimmt der Chor den Grabgesang an.

Strophe 1: Besungen wird das Geschick der Danae, die gleichfalls in eine eherne, wohl unterirdische Kammer eingeschlossen wurde, weil das Orakel von Delphi ihrem Vater, König Akrisios von Argos, prophezeit hatte, sein eigener Enkel werde ihm den Tod bringen. Zeus gelangte in Gestalt eines Goldregens in den Kerker und zeugte den unerwünschten Enkel Perseus mit Danae.

Gegenstrophe 1: Besungen wird das Schicksal des gleichfalls eingeschlossenen zu Tode gekommenen Lykurgos, des Königs der Edonen, der die Ammen des Gottes Dionysos verjagt und den Gott selber ins Meer getrieben hatte. Zur Strafe wurde er wahnsinnig gemacht.

Strophe 2: Besungen wird das thrakische Salmydessos, wo einst die Söhne des Königs Phineus mit Blindheit geschlagen wurden.

Gegenstrophe 2: Besungen wird die Erinnerung an ihre Mutter, Cleopatra von Salmydessos, die dem Geschlecht der Erechthiden entstammte und trotz ihrer edlen Abkunft der unerbittlichen Macht der Moiren, der griechischen Schicksalsgottheiten nicht zu entgehen vermochte.

Nach der Mythologie sind dies Klotho, die den Lebensfaden spinnt, Lachesis, die das Lebenslos zuteilt und Atropos, die den Lebensfaden abschneidet.

Anmerkungen:

Der Chor malt drei Beispiele aus, die Parallelen zu Antigones Schicksal aufweisen. Die Betroffenen sind edlen Geblüts, sie erleiden den Verlust des Tageslichtes, sie unterliegen unausweichlichen Schicksalsgewalten. Die Frage nach Schuld oder Gerechtigkeit wird nicht gestellt, wenngleich Lykurgos gegen den Gott Dionysos gefrevelt hat. Es kann mithin die Intention des Grabgesanges sein, den Schuldvorwurf zu illustrieren.

Eher schon darf man eine tröstende Absicht vermuten, die im Anführen von Parallelbeispielen wenigstens eine Art von Nicht-Verlassensein in der Bewusstseins-Sphäre Antigones zu vermitteln sucht, da doch schreckliche Einsamkeit der Delinquentin harrt.

Von diesem Denkansatz her wirft die historisierende Beispielsreihe ein Schlaglicht auf das gänzliche Unverständnis des Chores für Antigones wahre Situation. Ihre Einsamkeit ist weniger total, als es den Anschein hat. Denn tatsächlich steht ja Theben auf ihrer, auf der Seite des Rechtes.

Endlich darf wohl in der abschließenden Betonung des unentrinnbaren Schicksals auch für „Götterkind(er)" (986) ein Fingerzeig an Kreon erkannt werden.

„Das antike Drama ist ohne Musik der Chöre, ohne die Musikalität der Sprache der Schauspieler nicht denkbar", sagt Ernst Buschor und würdigt an anderer Stelle die Bedeutung des Chores als „gedankliches, sinnerklärendes Element" (Über das griechische Drama, S. 19 bzw. 21).

Das vierte Stasimon kann sehr wohl als Illustration dieser These gelten.

Fünftes Epeisodion

Ein Knabe führt den blinden Seher Teiresias vor Kreon. Im einleitenden Zwiegespräch wird deutlich, dass der Blinde als Ratgeber Kreons schon Verdienste erworben hat, Theben zum Nutzen.

In einem langen Monolog malt Teiresias die Horrorvision aus von besudelten Altären in der ganzen Stadt. Vögel haben Leichenteile des Polyneikes dorthin getragen. Düstere Anzeichen verkünden Unheil: der verwirrende Vogelflug, das Verweigern der Opferannahme durch die Götter.

Teiresias knüpft an seine Schilderung die Mahnung zur Nachgiebigkeit. Die Schuld Kreons gilt ihm als erwiesen. Das Verfolgen eines Toten über den Tod hinaus verletzt die Götter. Der Seher betont die wohlmeinende Absicht.

Kreon, auf dem Gipfel der Verblendung, reagiert mit der haltlosen Verdächtigung, Teiresias sei von seinen Gegnern bestochen worden, damit er ihm zum Nachgeben rate. Zu einer Gotteslästerung versteigt er sich dabei, die über die Altarbeschmutzung weit hinausgeht. Auch dann nämlich müssten Polyneikes Überreste unbestattet bleiben, „...wenn die Adler des Zeus ihn als Raub zum Thron der obersten Götter bringen wollen..." (1040 f.)

Teiresias, Kreon auf einer Stufe der Verblendung erkennend, die nicht mehr umkehrbar erscheint, spricht nun offen aus, dass der König verloren ist. Schon bald wird er aus eigenem Blute einen Toten beklagen müssen, den der Hades von ihm fordert, zum Entgelt dafür, dass er eine Seele in die Unterwelt gezwungen hat und einen Leichnam den unterirdischen Göttern entzogen hält, indem er ihn unbestattet lässt.

In der Bildsprache des Orakels kündigt Teiresias damit den Tod Haimons an, gleichsam als strafenden Ausgleich für das, was der König Antigone und Polyneikes angetan hat.

An das Ende seiner Rede setzt der Seher das vorher von Kreon gebrauchte Bild vom Pfeilschuss. Nicht im Dienste seiner politischen Feinde sendet er den Pfeil in Kreons Herz, sondern als Diener der Wahrheit für die Stadt Theben, die durch Kreon besudelt und der Götter Gunst beraubt ist. Dem Schmerz dieses Pfeilschusses werde der König nicht mehr entgehen.

Unvermittelt, wie er gekommen war, entfernt sich Teiresias, geführt von dem hilfreichen Knaben.

Der Chor reagiert betroffen. Hier hat einer gesprochen, dessen Autorität zu bedeutend ist, als dass man seine Mahnungen in den Wind schlagen dürfte. Und so rät er dem unsicher gewordenen König, so rasch wie möglich nachzugeben, als dieser sich ausdrücklich ratsuchend an die Alten wendet.

Obwohl ihm das Kleinbeigeben heftige innere Kämpfe abfordert, will Kreon jetzt selbst zur Grabkammer und Antigone befreien. Indessen sollen Diener die Bestattung Polyneikes vorbereiten.

Anmerkungen:
Das fünfte Epeisodion beginnt mit einer dramaturgischen Auffälligkeit: Teiresias wird nicht vom Chor angekündigt. Man findet diese Technik sonst im Stück nur noch bei der Eingangsszene, als sich Antigone und Ismene mit den ersten Wechselreden selber beim Namen nennen und bei dem namenlos bleibenden Boten in der Schlussszene. Hier spricht Kreon den Namen des Sehers aus. Die Szene zeigt nachstehenden Aufbau:

- Einführungsdialog, der die Autorität des Teiresias begründet
- erster Monolog des Sehers, der die Forderung zur Nachgiebigkeit aufstellt
- Antwort Kreons, der den Bestechungsvorwurf erhebt
- Dialog Kreon – Teiresias, der den König auf dem Höhepunkt der Verblendung zeigt

- zweiter Monolog Teiresias, der die Verkündigung des Unheils enthält
- Zwiegespräch Chor – Kreon, das die Kapitulation des Königs vor den Schicksalsmächten bringt

Über die äußere Bewegtheit des Aufbaus hinaus, belebt diesen Handlungsabschnitt vor allem jene innere Spannung, die durch eine Art Wettstreit zwischen den bremsenden und treibenden Kräften in Richtung auf die Katastrophe erzeugt werden.

Der erste Monolog des Teiresias hat deutlich retardierenden Charakter. Gäbe der König, die Unheilszeichen richtig wertend, dem Willen der Götter nach, erschiene eine positive Lösung vorstellbar. Statt dessen aber kommt es zu der absurden Überreaktion des Bestechungsvorwurfs, die sich bis zur Lästerung des Zeus steigert und gegenüber göttlichen Schicksalsmächten mit kleinlich-politischen Argumenten ficht, Gegnerschaft, Gewinnstreben, Verrat zu erkennen glaubt.

Dieses letzte Sich-Aufbäumen von des Königs Starrsinn ist zugleich der Beginn seines Zusammenbruchs. Des Sehers Prophezeiung, die dann folgt, zertrümmert bereits das tönerne Fundament einer nur noch aus Angst vor der Kapitulation bewahrten Scheinfestigkeit. Äußeres Anzeichen dafür sind vertauschte Standorte. Der König wird zum Ratsuchenden, der Chor zum Ratgeber.

Nicht bessere Einsicht leitet Kreon, sondern die schiere Furcht des Verlierers. Aber noch immer bleibt er in Verblendung gefesselt – einer Verblendung, die er mit dem Chore teilt –, indem er glaubt, der Katastrophe entgehen zu können.

Chor und König haben den Charakter des zweiten Teiresias-Monologs verkannt. Nicht mehr Warnung war es, sondern Vorhersage von längst Entschiedenem. Für positive Wendungen ist es zu spät. Und dieses „Zu-Spät" stellt das Zentralmotiv des fünften Epeisodion dar:

„Kreon gibt nach, vollständig und fast ohne zu zögern. Er fühlt die Drohung einer Welt, die er verachtete, zu der er nicht gehört. Der prahlerische Tyrann leidet an einer inneren Schwäche, die die plötz-

56

liche Wandlung erklärt, und diese Schwäche offenbart sich in dem Augenblick, da er erkennt, daß seine enge Welt zusammengebrochen ist. Psychologisch und auch vom Standpunkt der theatralischen Wirkung aus betrachtet mag Kreons plötzliche Geisteswandlung unbefriedigend sein. Die Absicht des Dichters wird dadurch um so klarer; ihm kommt es darauf an, das grundsätzliche Problem und die Schwäche der Welt Kreons aufzuzeigen. Wenige Worte des heiligen Sehers, der die göttliche Wahrheit spricht, genügen; was keine politische Vernunft, keine menschliche Fürbitte erreichen konnte, ist vollbracht, und das ganze Bauwerk menschlichen Stolzes und menschlicher Vernunft stürzt krachend zusammen." (Victor Ehrenberg, Sophokles und Perikles, S. 75)

Von einem anderen Denkansatz her gelangt Patzer zu der folgenden Wertung „... es bleibt beim nur eingeredeten Schein von Größe, und es kann deswegen nur zur länger durchagierten Pose des tragischen Helden kommen, die dann auch bei drohender Vernichtung des lieben Selbst zusammenbricht und damit in einen eindeutigen Sturz führt, aus dem es keine Erhebung mehr gibt. Kreon ist ja auch insofern unmöglich tragischer Held, als sein Sturz keine Rehabilitierung durch die Götter zuläßt. Um so größer am Ende die Rechtfertigung der wahren tragischen Heldin. Denn sie wird, anders als die Helden der übrigen früheren Dramen, nicht durch menschliche Helfer im Namen des tragisch verstandenen Göttlichen aus der Welt der untragisch Mächtigen gerettet, sondern durch die Götter selbst, die ja bezeugtermaßen in Kreons Sturz am Werk sind ..." (Hauptperson und tragischer Held in Sophokles 'Antigone', Wiesbaden 1978, S. 104)

Fünftes Stasimon

Strophe 1:   Anrufung des Gottes Dionysos mit einer Reihe seiner Namen unter Charakterisierung seines Wirkens.

Gegenstrophe 1:   Anrufung des Dionysos unter Nennung von Orten, die er gern aufsucht.

| Strophe 2: | Fürbitte für Theben unter Erinnerung an Dionysos besondere Bevorzugung der Stadt und an frühere Hilfeleistungen. |
| Gegenstrophe 2: | Hymnische Steigerung der Gottesanrufung unter Ausmalung dionysischer Kult- und Freudenhandlungen. |

Anmerkungen:

Der Chor bleibt sich treu. Schon im Einzugslied durchschaute er die Situation nicht. Im ersten Standlied fehlte ihm das Verständnis für Antigones göttlichen Auftrag. Das zweite zeigte einen Chor, der mit moralischen Kategorien Antigones Tod einzuordnen sucht, die dafür kaum geeignet sind. Im dritten der Lieder irrten sich die Alten gründlich über Haimons Motive, mit dem Vater zu rechten. Auch in Antigones Grabgesang verharrten die Choreuten bei ihrer falschen Sicht der Schuld. Und nun, im fünften Stasimon, setzen die Thebaner Greise ihrer Unfähigkeit, die Realitäten zu erkennen, die Krone auf.

Eingebettet zwischen Teiresias Prophezeiung und Katastrophenbotschaft lassen sie die Beschreibung dionysischen Freudentaumels von den Lippen. Wie schon in der Parodos scheinen wiederum alle Kalamitäten von der Stadt zu weichen. Dabei sollte es der Chor besser wissen, hat er doch wenige Verse zuvor noch des Teiresias Unglücks-Prophezeiung gelauscht und ausdrücklich betont, der Seher habe noch nie geirrt (1091).

Die dramatische Funktion der Dionysos-Anrufung in ihrem schauerlichen Kontrast zum flankierenden Geschehen offenbart sich geradezu explosiv im folgenden Augenblick.

Exodus

Ein Bote tritt ein. Philosophierend über das Leben im allgemeinen und das des Kreon im besonderen beginnt er seine Rede. Dann fällt die Kernaussage: „Und jetzt ist alles dahin" (1165). Im Zwiegespräch erfährt der Chor von Haimons Tod. Auch dass Antigone nicht mehr lebt, wird deutlich, wenngleich ihr Name nicht erwähnt wird.

Eurydike, die Schwester des Oidipus, kommt aus dem Palast. Als sie des Boten Worte vom Tod des Sohnes vernahm, wollten ihr die Sinne schwinden. Sie begehrt genauere Kunde. Der Bote berichtet ihr: Kreon und seine Begleiter hatten zunächst Polyneikes bestattet und sich dann Antigones Aufenthaltsort genähert. Von weit her schon hörte einer der Begleiter laute Klageschreie. Kreon, aufmerksam gemacht, erkannte die Stimme seines Sohnes und begann, sein Geschick zu bejammern.

Die Grabkammer wurde zugänglich gemacht, und man fand Antigone an einer linnenen Schlinge erhängt. Haimon hielt sie umfangen und wehklagte über den Verlust der Braut. Kreon trat zu ihm hinein und flehte den Sohn an, mit hinaus ans Tageslicht zu kommen. Doch Haimon zog gegen den Vater das Schwert, der sich zur Flucht wendete. Da stieß der Verzweifelte die Klinge in den eigenen Körper und umklammerte sterbend die entseelte Antigone. So wurde den Brautleuten die hochzeitliche Vereinigung im Tode möglich, und sie mahnten die Lebenden auf diese Weise, sich vernunftloser Unbesonnenheit zu enthalten.

Nachdem der Bote seinen Bericht beendet hat, kehrt Eurydike wortlos in den Palast zurück. Da dieses Schweigen auffällt, suchen Chor und Bote eine Erklärung. Eurydike habe nur ihren Schmerz nicht öffentlich sehen lassen wollen, tröstet sich der Bote. Der Chor aber ahnt Unheil. In diesem Augenblick naht Kreon, den Leichnam Haimons in seinen Armen tragend. Kaum hat er die Totenklage von den Lippen, bringt sein Hausdiener aus dem Inneren des Palastes die Mitteilung vom Freitod Eurydikes. Die Königin hat Kreon noch im Tode verflucht. Der König bricht zusammen. Er wünscht sich den Tod. Ihm bleibt nur noch verzweifeltes Klagen. Für den Chor bestätigt sich im Geschehen die Schicksalsmacht der Götter. Von Kreon verlangt er allerdings, den Tod der Zukunft zu überlassen, weil vorerst die Regierungspflichten zu erfüllen sind.

Mit einer moralischen Sentenz auf den Lippen vom Wert der Besonnenheit und der Schädlichkeit vermessener Haltung bewerkstelligen die Greise ihren Auszug aus der Handlung.

Anmerkungen:

Hätte die untragische Dimension der Kreon-Gestalt weiterer Beweise bedurft, so wären sie in der Schlussszene ohne Mühe zu finden. Der Grundgestus des Klagens prägt den Geschlagenen. Im gleichen Maße wie sich sein Klagen steigert, nähert sich Kreon dem Zustand des „lebenden Leichnams" (1169), der nur noch einen einzigen frohen Augenblick kennen wird: den des eigenen Todes. In diesem Zusammenhang steht das Erscheinen Eurydikes in der Handlung. Ihre Selbsttötung eskaliert die Katastrophe. Aber das ist nur ein Teil der dramatischen Funktion. Zum anderen unterstreicht ihr Sterben, welche Last dem König das Weiterleben bedeutet. Dass Eurydikes entseelter Körper mit Hilfe einer Theatermaschine sichtbar wird, während Kreon ihren Tod beklagt, weist in diese Richtung.

Wie Antigone verlassen war, als sie sterben musste, so ist jetzt Kreon mit seiner Lebenslast allein.

„Virginia Woolf hat einmal gesagt, daß die Zuschauer am Ende des Stückes sogar mit Kreon sympathisierten. Das erklärt sich nicht durch einen Trick des Dichters, sondern daraus, daß bei all seinen falschen Ansichten und abstoßenden Methoden Kreon zum Opfer seiner Prinzipien wie seiner Untaten wird und daß die Schicksalsschläge am Ende ihn menschlich gemacht haben." (Victor Ehrenberg, Sophokles und Perikles, S. 73).

6. SPRACHLICHE UND SACHLICHE ERLÄUTERUNGEN

1   **Antigone/Ismene:** Die Namen müssen im Dialog fallen, damit der Zuschauer die Gestalten sofort einordnen kann. Das Kostüm vermag dabei nicht zu helfen, weil es nicht individuell charakterisierte, sondern dem Charakter des Stückes entsprach, also lang herabwallende, reich verzierte Gewänder in der Tragödie, kurze hingegen in der Komödie. Antigone bedeutet dem Wortsinn nach 'die zum Ersatz Geborene" wohl in Anspielung auf die Aussetzung des ältesten Kokaste-Sohnes Oidipus, des Vaters von Antigone und Ismene.

8   **Herr des Militärs:** Das Bestattungsverbot hat umso mehr das Wesen eines Befehls, als es im Zusammenhang mit kriegerischen Ereignissen erteilt worden ist.

24 f.   Friedhöfe waren in der griechischen Frühzeit so gut wie unbekannt. Erst die Bestattung – auch wenn sie nur symbolisch durch das Bestreuen des Leichnams mit Erde vorgenommen wurde – verschaffte der Seele der Abgeschiedenen Ruhe.

101   **siebentorige Theben:** Die Hauptstadt Boiotiens hatte sieben Tore. Sie ist nicht zu verwechseln mit dem ägyptischen Theben am oberen Nil, das ebenfalls zu verschiedenen Zeiten Landeshauptstadt war, aber hundert Tore besessen hat.

104   **Dirke:** Quelle im Westen von Theben

106 f.   Hier ist der Schwiegervater des Polyneikes gemeint, Adrastos, König von Argos, der allein überlebte und zehn Jahre später die Söhne der 'Sieben gegen Theben', die Epigonen, erneut gegen Theben führte und es zerstörte.

123   **Hephaistos:** der griechische Gott des Feuers und der Schmiedekunst

126   **Drachensöhne:** Fünf Krieger, die aus der aufgegangenen Drachensaat des Kadmos – aus den Zähnen des von ihm getöteten Drachens – übrig geblieben waren, wurden die Stammväter des thebanischen Adels.

130 ff. **der Zunge hochfahrender Protz:** Bei Hölderlin steht „das Prangen der großen Zunge". Gemeint ist die frevelhafte Prahlerei des Argiverfürsten Kapaneus, der die Stadtmauer erklommen hatte und herausfordernd bramarbasierte, nicht einmal ein Blitz des Zeus werde ihn mehr vertreiben können. Zur Strafe erschlug ihn der Blitz. Seine Frau Euadne stürzte sich in den brennenden Scheiterhaufen.

173   Kreon stützt sein Recht auf die Thronfolge einzig auf seine Verwandtschaft zu den Labdakiden.

178   Staat und Vaterland bestimmen Kreons Handeln.

207 ff. Kreons Verordnung ist ausschließlich patriotisch und sittlich motiviert. Weder ein direktes persönliches Interesse noch ein öffentlicher Nutzen, der sich zu seinen Gunsten indirekt auswirken könnte, ist nachweisbar.

211   **Das ist, wie es dir gefällt:** Der Chor wagt nicht zu widersprechen, aber man spürt sein inneres Widerstreben.

246 ff. Antigone hat die Bestattung nur symbolisch vollzogen, indem sie Polyneikes Körper mit Staub bestreute und das dreifache Trankopfer vollzog.

264 f. Gottesurteile, wie die vom Wächter genannte Feuerprobe, spielten weder in der griechischen noch in der römischen Rechtsfindung eine erwähnenswerte Rolle; dementsprechend selten ist ihre literarische Fixierung in der Antike. Deutlich häufiger findet man Hinweise bei den germanischen Völkerschaften.

319   **Der Täter kränkt dein Herz, die Ohren ich:** Des Wächters lebenskluge Feststellung enthält einen spürbaren Vorwurf gegen die mangelnde Gerechtigkeit Kreons.

397   **kein Los:** In der ersten Wächterszene war der Überbringer der Nachricht ausgelost worden und mit Zittern und Zagen herbeigekommen. Jetzt braucht es ein solches Verfahren nicht, kommt er doch mit einer Erfolgsnachricht.

Mit der Geschichte vom Sandsturm verbinden sich drei Aussagefunktionen.

1.) Schilderung eines realen Naturphänomens,

2.) Überzeugende Erklärung dafür, dass Antigone den Ort der Tat ungesehen erreichen konnte,

3.) Beitrag zur Gestaltcharakteristik, da Antigone mutig dem Sturm trotzt.

431   **mit dreifachem...:** Das dreifache Trankopfer bestand aus Milch, Wein und Honig.

444   Der Wächter verlässt vor dem Dialog Kreon-Antigone den Schauplatz, weil der Schauspieler in der Maske der Ismene zurückkehren wird.

481   Kreon ist überzeugt, dass es ein frevelhaftes Verbrechen ist, die Gesetze des Herrschers zu verletzen (vgl. 663 ff.)

494 f. Kreon wütet förmlich gegen die Vorstellung an, einer Frau zu unterliegen. Es darf angesichts der mehrfachen Wiederholung dieses Motivs (vgl. 525, 579, 765) unterstellt werden, Sophokles habe hier bewusst den Charakterzug einer inneren Schwäche gestaltet, die sich in wahren Hassausbrüchen Kreons veräußerlicht.

497   **Willst du noch mehr, als mich töten lassen ...:** Antigone führt Kreon die Grenzen seiner irdischen Macht vor Augen, der sich später (vgl. 780) weigern wird, „die Welt des Hades" zu ehren und damit an den Grundfesten der Religion rüttelt.

528   Ismenes Maske scheint gegenüber ihrem ersten Auftritt Veränderungen zu zeigen, die der Chor hier erläutert. So helfen äußere Mittel, Ismenes innere Wandlung zu unterstreichen, die in der folgenden Szene deutlich wird (vgl. 536 f.)

561 f. **in ihrem Unverstand:** Kreon setzt hier die beiden Mädchen einander gleich, indem er ihnen von einer Position der Hilflosigkeit aus die Verstandeskräfte abspricht. Er hat damit insofern den Kern getroffen, als sich zum ersten Male jemand offen auf Antigones Seite stellt. Diese Entwicklung findet in der Haimon-Szene deutliche Steigerung.

635 ff. Haimon verteidigt ausdrücklich nicht die Ehe mit Antigone. Seine Absicht ist es, den Vater zu warnen, ihm die Redlichkeit zu bewahren.

683 ff. Kreon fordert selbst dann noch Gehorsam zu üben, wenn die Gesetze kleinlich und ungerecht sind. Er steigert sich in völlig unsinnige politische Vermutungen und zieht gegen die Anarchie vom Leder (vgl. 672, 676).

740 f. Mehrfach wiederholt Haimon, fast um Verständnis flehend, es gehe ihm um den Vater (vgl. 748 f.)

750 **Dass du die im Leben heiratest, ist nicht mehr möglich:** Der Höhepunkt des Streites wird durch diese zynische Anspielung auf Antigones Tod markiert. Kreons Rohheit beschreibt im vorhinein die Katastrophe. Tatsächlich wird die Ehe beider Brautleute gleichsam mit ihrem Sterben vollzogen.

755 f. **...wenn du nicht mein Vater wärest:** Haimons Resignieren bereitet folgerichtig das deutliche Aussprechen seiner Selbsttötungsabsicht vor in 763:

... du wirst mich nie mehr wiedersehen..."

776 Kreons Verblendung lässt ihn die sich anbahnende Katastrophe übersehen. Statt sich um Privates zu sorgen, richtet er – ganz im Einklang mit dem Figurencharakter – seine Bemühung darauf, die Befleckung der Stadt durch Antigones Sterben zu vermeiden.

780 **die Welt des Hades:** Kreon vergeht sich gegen religiöse Grundanschauungen, wenn er Hades, dem Gott des modrigen Schattenreiches, den Respekt verweigert. Später (vgl. 1040 ff.)

steigert er sich bis zur schieren Blasphemie. Es sei angemerkt, dass ‚Hades' nicht nur der Name des Gottes ist, sondern auch die Unterwelt selber bezeichnet.

823 **des Tantalus Tochter:** Gemeint ist Niobe, die Frau des Königs Amphion von Theben. Sie besaß sieben Söhne und sieben Töchter. Niobe verspottete Leto, die nur zwei Söhne – Apollon und Artemis – ihr eigen nannte. Diese rächten den Schmach an ihrer Mutter, indem sie alle vierzehn Nachkommen der Niobe, die Niobiden, mit Pfeilen töteten. Vom Schmerz erstarrt wurde Niobe am Berge Sipylos in einen weinenden Felsen verwandelt. Die Tantalus-Tochter wurde zur Symbolfigur für die Selbstüberhebung und menschliches Leid.

893 Antigone und Ismene sind die letzten lebenden Mitglieder der Labdakidenfamilie.

894 **Persephassa:** auch Persephoneia, Tochter des Zeus und der Demeter. Hades, der König der Unterwelt, entführte sie mit Zeus' Einwilligung als Gemahlin in sein Schattenreich. Durch Demeters leidvollen Protest bezwungen, erlaubte Zeus entgegen des sonstigen Gebotes, dass Persephoneia für jeweils die Hälfte des Jahres an die Oberwelt zurückkehrt. Darin symbolisiert sich das Wiedererwachen der Natur.

964 **Euoi:** Ausruf der Anhänger des Dionysoskults.

993 Dem Rat des Teiresias folgend hatte Kreon seinen Sohn Megareus geopfert, um sich der Huld des Kriegsgottes Ares zu versichern, als die Argiver herannahten.

999 **Vogelschau:** Erscheinungsformen der Weissagekunst, die von Sehern ausgeübt wurde. Aus der Formation, der Flugrichtung und anderen Eigenarten las man Anzeichen für kommendes Geschehen. Die Vogelschau nahm ihren Ursprung wahrscheinlich in Babylonien. Als andere relevante Vorzeichen galten z.B. Träume, zufällige Begegnungen, Gliederzucken oder atmosphärische Erscheinungen. Ob die Einge-

weideschau der Opfertiere ursprünglich griechischer Natur ist, gilt als nicht gesichert. In der römischen Kaiserzeit praktizierte man die Eingeweideschau an gefallenen Gladiatoren. Und es sind sogar Beispiele nachgewiesen, wo Kinder speziell zu diesem Zweck umgebracht worden sind.

1038 **Silbergold:** Um 490 v. Chr. setzte ein erheblicher Anstieg der Silberausbeute in Laureion ein, mit der Themistokles den athenischen Flottenbau finanzierte. Die Zahl der Bergwerkssklaven stieg um 440 v. Chr. auf ca. 30.000.

1040 f. **Auch dann nicht, wenn die Adler des Zeus ...:** Kreon begeht hier eine Gotteslästerung, indem er selbst die Besudelung des Götterthrones nicht als hinreichenden Grund anerkennen will, Polyneikes zu bestatten.

1121 **Deo:** Demeter, Muttergöttin der Griechen, Getreidegöttin, Mutter der Persephone (vgl. Anmerkung zu 894). Nach dem Raube Persephones durch Hades verhinderte Demeter das Wachstum der Erde solange, bis Zeus die Rückkehr der Entführten zur Oberwelt gebot.

1124 Theben wurde vom Ismenos durchflossen.

1126 **Quelle Kastalia:** Ort eines Dionysosfestes, das immer zur Wintersonnenwende dort abgehalten wurde.

1131 **Nysische Berge:** auf Euboia, einer lang gestreckten, gebirgigen Insel vor der Ostküste Mittelgriechenlands, die vor allem von Ioniern bewohnt wurde.

1145 **Brausender Sund:** ein 15 Meter breiter Streifen der Meerenge, die Euboia von der Ostküste Mittelgriechenlands trennte und bei der Inselhauptstadt Chalkis lediglich diese Breite erreichte.

1199 **Herrin der Wege:** Die Unterweltgöttin Hekate, Tochter des Titanen Perses, galt als schreckenbringende Göttin des Zaubers und hielt sich an Begräbnisstätten sowie Kreuzwegen auf.

1222 Haimon will Antigone aus der Schlinge lösen und hat sie deshalb in der Körpermitte umschlungen.

7. DIE HAUPTFIGUREN

Die „Antigone" des Sophokles gehört wohl ohne allen Zweifel zu den am meisten für den Transport eigener Ideen späterer Bearbeiter genutzten klassischen Vorwürfen.

Illustre Namen tauchen in dieser Reihe auf: Brecht, Anouilh, Hochhuth im 20. Jahrhundert, eine lange Reihe vor ihnen und man braucht kein Prophet zu sein, um künftige Bearbeitungen des Stoffes voraussagen zu können.

Nicht minder reizvoll ist das Stück für Interpreten verschiedener Couleur seit jeher gewesen. Entsprechend vielfältig sind die Ansatzpunkte, von denen aus die Stückproblematik untersucht wird wie Staatsverständnis, Mythos oder Todesbereitschaft. Es muss daher nicht verwundern, wenn auch zur Charakteristik der Handlungsgestalten weit auseinanderliegende Standpunkte besetzt gehalten werden.

Da gibt es die Ansicht, des Sophokles Gestalten entbehren jeglicher Individualität. Sie seien im Grunde nicht als Verkörperungen eines bestimmten Typus – der König, der Seher, der Jüngling aus vornehmen Geblüt. Eine geradezu extreme Gegenposition nehmen Betrachter ein, die unter Verdrängung alles Griechischen die Gestalten des Spiels abbilden, als agierten sie in der Gefühlswelt frühbürgerlicher Emanzipation. Beide Sehweisen müssen für unhaltbar gelten.

„Es ist die Meinung verbreitet," liest man bei Ulrich von Wilamowitz-Moellendorff, „daß die attische Tragödie erst allmählich dazu fortgeschritten wäre, individuelle Menschen zu schildern, nachdem sie Typen gebildet hätte, also z.B. Sophokles ‚den König', ‚die Schwester', ‚den Greis'. Das würde sehr seltsam sein, denn erst die Abstraktion findet solche Typen, während die Beobachtung nur Individualitäten liefert. Und ehe die bildende Kunst lange Zeit nur ‚Mann' und ‚Weib' gebildet hat, ehe sie Perikles und Lysimache bilden kann, zeigt nur den Gegensatz der Künste, der in ihrem Wesen liegt. Es würde aber auch schwer begreiflich sein, daß Sophokles nicht können sollte, was Homer schon zur Vollkommenheit geführt hat: Achilles und Nausika sind wahrlich keine bloßen Typen. Der Gang der Entwicklung ist umgekehrt. Der Jüngling schreibt Götz und Werther, die jedermann verständlich sind. Epimenides und Natürliche Tochter versteht nur, wer dem Goethe, der aus Italien heimkehrte, in das Reich des typisch Symbolischen zu folgen vermag. Nun ist aber tatsächlich jener Ansicht der Boden entzogen, die Tragiker empfangen ihre Gestalten von der Sage, und die liefert ihnen nicht Greis und Schwester, sondern Oidipus und Antigone. Und zugleich ist erklärt, wie jener Irrtum entstehen konnte: Figuren, welche die Sache prägt, tragen allerdings nicht die Zufälligkeiten eines Modells an sich. Vor allem aber wirkt verwirrend, dass die tragischen Gestalten für uns typisch geworden sind. Wir mögen ja in Antigone die schwesterlichste der Seelen bewundern ...... aber dazu hat sie die Gewalt der Sophokleischen Poesie und der von Jahrhunderten dieser zugestandene klassische Vorrang gemacht, und es ist nicht damit gleichzusetzen, was sie für Sophokles und seine Zeit war." (Euripides Herakles. Erster Band, S. 113 f.)

Ergänzend sei eine Bemerkung angeführt, mit der Kurt von Fritz das Wesen der Antigone-Figuren zu umreißen sucht: „Richtig ist zweifellos, daß es gerade für die Hauptcharaktere bei Sophokles keinerlei Nebenzüge gibt, daß er sie nicht gewissermaßen plastisch von allen Seiten und in den verschiedensten Situationen – auch solchen, die mit der Haupthandlung nicht in direkter Beziehung stehen – charakterisiert, wie es das moderne Drama liebt. Vielmehr wird gerade dies und zwar offenbar bewußt und absichtlich vermieden und jeder Charakter nur gerade allein in und für das Geschehen, in das er hineingestellt ist, und das Schicksal, das sich an ihm vollzieht, charakterisiert" (Antike und moderne Tragödie. Neun Abhandlungen. darin: Haimons Liebe zu Antigone, S. 228).

„Im Sinne so ökonomischer Charakterbildung ist A n t i g o n e zunächst und vor allem die Tochter ihres Vaters Oidipus. Sie unterliegt wie er dem Verhängnis des Labdakidenfluchs. Sie wird wie er unschuldig schuldig. Sie besitzt seine Härte, seine Festigkeit, seinen Sinn für Gerechtigkeit, und sie gleicht ihm in der Ergebenheit gegenüber göttlichem Gebote.

Von daher rührt ihr fester Entschluß, den toten Bruder trotz Kreons Befehl zu bestatten. Von daher bezieht sie die Entschlußkraft, das Wagnis ein zweites Mal zu begehen. So erklärt sich Antigones ruhiges Einverständnis mit dem Tode nicht etwa als Ahnungslosigkeit gegenüber der wirklichen Gefahr. Sie erscheint vielmehr ebenso charakterlich motiviert wie aus dem verfestigten Bewußtsein, im Einklang mit göttlichem Recht zu handeln.

Man weiß von Antigone, daß sie einst dem geblendeten Vater Oidipus ins Athener Exil gefolgt war, als ihn seine Söhne mitleidslos aus Theben vertrieben hatten. Jetzt ist sie im Begriff, sich für die Bestattung des Bruders Polyneikes zu opfern. Es liegt nahe, als Handlungsmotiv an ein übermäßiges Hingegebensein an familiäre Liebe zu denken. Doch da steht auf der anderen Seite Antigones Unbeugsamkeit, ja ihr Unverständnis im Umgang mit der eigenen Schwester Ismene und weist in ganz andere Richtung. Antigone vollzieht die Bestattung oder vielmehr die symbolische zeremonielle Handlung, die an ihre Stelle tritt und die der religiösen Forderung allein Genüge tut, auf Befehl der Götter und nicht eigentlich aus Liebe zu ihrem Bruder. Nicht Familienliebe, sondern religiöse Tradition kam in den Pflichthandlungen der Sippe zum Ausdruck. Über Antigones persönlichem Gefühl der schwesterlichen Pflicht steht die allgemeine Forderung, der sie gehorcht", stellt Victor Ehrenberg fest (Sophokles und Perikles, S. 37).

Wenn im vierten Epeisodion Antigones Gefasstheit der laut geäußerten Klage weicht, horchen die Interpreten auf. Ein dankbares Betätigungsfeld tut sich auf für unversöhnlichen Meinungsstreit, der sich um die Frage ihrer Todesbereitschaft rankt.

Es steht jedoch mit der psychischen Wahrhaftigkeit völlig im Einklang, dass auch ein gefestigter Charakter bei der Konfrontation mit einem Ereignis, das bis dahin als bloße theoretische Möglichkeit gelten konnte, ins Wanken gerät, umso mehr, als es sich hier um einen jungen Menschen handelt, der ja eigentlich erst beginnen sollte zu leben. Antigones Festigkeit erweist sich gerade an der Tatsache, dass sie angesichts der Verzweiflung dieses Augenblicks eben nicht zusammenbricht.

Auch kann die Klage darüber, in der Blüte der Jugend sterben zu müssen, ohne die eigene Daseinsbahn in Ehe und Mutterschaft vollendet zu haben, in griechischen Ohren keineswegs als ein Signal der Schwäche geklungen haben, pflegten doch auch die Helden der griechischen Sagenwelt lauthals zu klagen, wenn es galt, ins Reich der Schatten hinabzutauchen.

Antigone bleibt sich selbst treu, wenngleich sie an der Schwelle des Todes sich im Einklang mit der wahren Bestimmung des Menschen dem Leben wieder stärker zuwendet.

Ein Wesenszug der Antigone ist die selbstgewählte trotzige Vereinsamung vor der Tat. Nachdem das Edikt einmal gebrochen ist, gelingt es dem Mädchen nicht mehr, aus ihrer Vereinsamung auszusprechen, in der sie schließlich auch untergeht.

Der Chor begegnet ihr mit Unverständnis für ihr Recht auf die Tat. Sie vermag nicht mehr die Sympathien des Athener Volkes zu spüren, und auch Haimons Annäherung kommt für die Verzweifelte zu spät.

So bleibt als zusammenfassendes Charakterisierungsmerkmal die Feststellung: Antigone glaubt an eine göttliche Weltordnung, und das bestimmt ihr Handeln.

Die weitaus Passivere der beiden Oidipustöchter ist I s m e n e.

Es fällt ihr sichtlich nicht leicht, Antigones Vorhaben zu verstehen. Das Bewusstsein mit dem Familienfluch leben zu müssen, scheint ihr sehr viel näher zu sein als der Schwester. Sie fürchtet, der langen Reihe unglückseliger Ereignisse werde sich nun eines anschließen, in dem sie selber und ihre Schwester Antigone die Opfer zu sein hätten. Ismenes Alternative entbehrt zwar des großen Entwurfs, aber sie erscheint einleuchtend: Man soll die Unterwelt versöhnen, indem man um Vergebung bittet für die versäumte Bestattungspflicht, und im Zusammenhang damit eigenes Unterworfensein unter eine natürliche Ordnung und eigenes Frauentum betonen.

Ismene denkt vernünftig. Ihr Verhalten ist an praktischen Erwägungen orientiert. Dennoch ermangelt sie keineswegs des persönlichen Mutes. Später sucht sie einen Anteil an Antigones Schuld und bekennt sich dazu gegenüber Kreon. Freilich erreicht ihre Erkenntnisfähigkeit in keinem einzigen Augenblick jene kristallklare Überlegenheit derjenigen Antigones. Der Augenblick bestimmt ihre Entschlüsse und Sorgen des Tages füllen ihre Gedanken.

Dass Ismene schließlich von Kreons Rache verschont bleibt, ist gewissermaßen eine Folge ihrer mangelnden Ebenbürtigkeit. Immerhin aber ist sie diejenige, welche sich als erste Gestalt des Stückes auf Antigones Seite stellt.

Gleichsam einen Schlüsselsatz zum Verständnis der Figur liefert uns Kurt von Fritz im Kontext zum zweiten Epeisodion, wenn er sagt: „Denn auf der einen Seite tritt durch die hilflose Verzweiflung der Ismene, die nur mitsterben kann, aber weder mithandeln konnte noch die Tat gebilligt hat, der Gegensatz der handelnden Kraft und Unbedingtheit Antigones zu dieser Haltung noch einmal scharf hervor, auf der anderen Seite wendet sich die Aufmerksamkeit schon der Grausamkeit durch die passive Hilflosigkeit Ismenes, die nur für das Leben Antigones eintritt, nicht für ihre Tat und für ihr Recht." (Antike und moderne Tragödie, D. 230)

Der Ismene-Szene folgt das Dritte Epeisodion, in dessen Zentrum die Auseinandersetzung zwischen Kreon und seinem Sohn H a i m o n steht. Es bringt eine deutliche Steigerung im Ablauf des Handlungsgeschehens, denn Haimon steht dem Vater natürlicherweise sehr viel näher als Ismene. Zum anderen wird des Sohnes Abwendung von einer festen Überzeugung getragen, wo sich bei Ismene nur Hilflosigkeit artikulieren konnte.

Es hieße, die Haimon-Figur gründlich zu missdeuten, wollte man berechnende Absicht unterstellen, wenn sich der Sohn dem Vater mit allen Zeichen des Respekts nähert. Haimon empfindet eine echte, starke Zuneigung zu Kreon. Immerhin hat dieser die Stadt gerettet und dafür das Leben seines ältesten Sohnes geopfert. Haimon kämpft darum, ihn zu überzeugen, dass er von der Verfolgung seiner Rachepläne absehen sollte. Er tritt für den geliebten Vater ein, indem er mit ihm ringt um das Leben Antigones.

Erst dann erkennt er, sich gegen den Vater wenden zu m ü s s e n, als Kreons Verblendung keinen anderen Ausweg mehr offen hält.

Inwieweit Haimons Selbsttötung schließlich von der Verzweiflung über den Verlust Antigones oder von der Verzweiflung über die Unrechtshandlungen Kreons getragen wird, ist ein oft untersuchter Fragenkomplex, zu dem es Einmütigkeit nicht gibt. Mit besonderem Eifer erörtert man die Problematik der Liebesleidenschaft in diesem Zusammenhang. Immerhin fehlen Bekundungen jeglicher Art aus Haimons Munde, die in diese Richtung weisen würden. Und die einleitenden Betrachtungen zur Ökonomie der Charakterformung bei Sophokles kommt hierbei unversehens in den Sinn: „In der Folge der Klage über den Tod der Braut, ... bis zu seinem Tod treten die Motive, die ihn zum Selbstmord treiben, noch einmal mit vollster Klarheit hervor. Er ist der Anwalt beider: der Braut und des Vaters, und des Vaters gegen ihn selbst. Nun hat er die Braut verloren durch die Verblendung des Vaters, gegen die e r – ihr natürlicher Beschützer – sie nicht hat schützen können, weil der Schuldige sein Vater war. Und er hat seinen Vater verloren, auf eine viel schlimmere Weise als durch den Tod. In diesem Augenblick, wo er vor seiner Braut steht, die von seinem eigenen Vater wegen ihrer herrlichsten Tat gemordet wurde, ist die Situation auf der Spitze: da wendet er sich mit dem Schwert gegen seinen Vater, und dann, als ihm zu Bewußtsein kommt, was er tut , wendet er ... das Schwert gegen sich selbst und tötet sich." (Antike und moderne Tragödie, S. 234)

Geschmückt mit den Insignien königlicher Macht ist K r e o n , der eigentliche Gegenspieler Antigones, der am genauesten durchgestaltete Charakter im Spiel. Sophokles verleiht ihm eine Reihe unverwechselbarer Züge, die den König blutvoll und lebendig erscheinen lassen.

Da ist die unbedingte, starrsinnige Überzeugung, im Recht zu sein; da sind unkontrollierte Hassausbrüche und absurde Verdächtigungen, unmotivierte Korruptionsvorwürfe, die selbst vor dem ehrwürdigen Teiresias nicht Halt machen. Da gibt es seine psychopathisch anmutende Zwangsvorstellung, eine Frau könnte ihm, dem König, ihren Willen aufzwingen.

Ist Kreon schon von seinem Persönlichkeitsbild her eine Anteilnahme herausfordernde Gestalt, wird er es noch mehr durch seine Handlungen. Wo Antigone sich in eine trotzige Vereinsamung flüchtet, erlebt Kreon trotz seiner unbestreitbaren Verdienste um die Stadt die wachsende Isolation des Mächtigen. Das Volk begegnet ihm mit Furcht; Unterwürfigkeit tritt im Umgang mit ihm an die Stelle aufrechter, bürgerstolzer Gesinnung. In den Reaktionen des Chores zeigt sich ein Schimmer davon. Die Kategorien politischen Misstrauens bestimmen im gleichen Maße das Verhältnis zu den Menschen seiner Umgebung, wie seine Furcht eskaliert, oppositionelle Machenschaften könnten seinen Untergang bewirken. Die Prinzipien des Herrschers gehen dem König über alles. Staat, Vaterland, Patriotismus, Sittlichkeit, Gesetzestreue – das sind die Grundmuster seines Gesellschaftsverständnisses.

In Kreons geistiger Welt gilt das irdische Gesetz alles, die göttliche Ordnung hingegen nichts: „Kreon ist weder nur ‚der typische Tyrann' noch einfach der Vertreter des Staates. Da jede dieser Ansichten etwas Wahres enthält, wurde die eine wie die andere oft als einzige Erklärung für Kreons Haltung angeführt. Wohl ist er ein Tyrann und staatsgebunden, aber seine ‚politische' Position ist hauptsächlich dadurch gekennzeichnet, daß er in einer Welt lebt, die nicht nur der Welt Antigones fremd und feindlich gegenübersteht, sondern auch die religiöse Grundlage des Staates außer Acht läßt. Religiöse Pflichten stehen für ihn erst an zweiter Stelle, die unbedingte Souveränität des Staates und die Normen menschlicher und politischer Ethik gehen vor." (Sophokles und Perikles, S. 67 f.)

Eine der Schlüsselstellen zur Offenlegung dieses Charakterbildes ist die Staatsrede im Ersten Epeisodion. Hier schon wird die Verblendung Kreons im Ansatz offenbar.

Die weitere Entwicklung der Gestalt wird im wesentlichen beherrscht davon, zum Misanthropen zu verkommen: Ungerecht gegenüber dem Wächter, grausam zu Antigone, nicht ansprechbar für des eigenen Sohnes Bedenken, bereit zur schlimmsten Gotteslästerung, erfüllt von kleinlichem Misstrauen gegen jedermann geht Kreon durch die Handlung bis hinein in die Teiresias-Szene.

Erst hier erfolgt die innere Wandlung – und zwar auf verblüffend unzögerliche Art und Weise. Seine Welt – die sich um göttliche Billigkeit keinen Deut geschert hat – bricht krachend in jenem Augenblick zusammen, da ihm die Prophezeiung unausweichlichen Unglücks endlich den Blick weitet über die Grenzen seiner politischen Wirklichkeit hinaus. Angst tritt an die Stelle der Selbstgerechtigkeit. Nachgiebigkeit ersetzt die Staatsdoktrin innerhalb von Augenblicken. Es bleibt im Grunde offen, ob das über Polyneikes verhängte Bestattungsverbot für jeden gegen die objektiven Interessen des Staatswesens erlassen wurde. Wesentlich – so die erkennbare Stückaussage – bleibt allein der Sieg des Mythos über die Selbstüberhebung, des sterblichen Menschen Kreon. Dass seine Strafe darin besteht, nicht sterben zu dürfen, sondern mit einer schier unerträglichen Lebenslast fortexistieren zu müssen, entbehrt nicht ganz eines Hauches der Ironie. Zusammenfassend ist anzumerken: „Kreon kann vermutlich mit keinem der bekannten historischen Tyrannen verglichen werden; dennoch bleibt er ein Tyrann." (Sophokles und Perikles, S. 71)

Es konnte und sollte nicht Aufgabe dieses Kapitels sein, detaillierte Charakterbilder der Tragödiengestalten zu fassen. Wichtige Details enthalten die Kommentare zu den einzelnen Handlungsabschnitten. Aber eine gewisse Abrundung, gleichsam zur abschließenden Wertung, war doch vorzunehmen, um Goethes – im anderswo bereits erwähnten Eckermann-Gespräch – geäußerte Überzeugung desto besser nachvollziehen zu können:

„Das ist's eben, worin Sophokles ein Meister war, und worin überhaupt das Leben des Dramatischen besteht. Seine Charaktere besitzen alle eine solche Redegabe und wissen die Motive ihrer Handlungsweise so überzeugend darzulegen, daß der Zuhörer fast immer auf der Seite dessen ist, der zuletzt gesprochen hat." (zitiert nach: Interpretation motivgleicher Werke der Weltliteratur. Band I. Mythische Gestalten, S. 65)

8. DRAMATURGISCHE ELEMENTE DER TRAGÖDIE

Die Handlungsübersicht lässt deutlich werden, dass dem Spiel ein straffer **Bauplan** eigen ist, der in seiner Konsequenz den Vergleich mit jüngeren Bühnenwerken nicht zu scheuen hat.

Die Handlung besteht aus sieben Szenen (1-7), die jeweils durch eine Chorpartie (a-f) voneinander abgesetzt sind. Sie folgt damit dem festen Schema der griechischen Tragödie mit Prolog, Einzugslied des Chores und Auszugsgesang des Chores nach der letzten Szene. Die ‚Antigone' weicht lediglich insofern vom üblichen ab, als der Prolog nicht von e i n e m Schauspieler gesprochen wird:

1) Prolog:	Dialog Antigone – Ismene	
	Antigones Vorhaben	
a) Parodos:	Auftrittslied des Chores	
	Aufruf zur Siegesfeier	
2) Erstes Epeisodion:	Kreons Rede, Bericht des Wächters von der Tat	
b) 1. Stasimon:	Chorgesang über die Fähigkeit des Menschen	
3) weites Epeisodion:	Bericht des Wächters von der Entdeckung der Täterin, Urteil Kreons über Antigone, Ismenes Bereitschaft, die Schuld der Schwester zu teilen	
c) 2. Stasimon:	Chorgesang über das Ausgeliefertsein des Menschen an die Macht der Götter	
4) Drittes Epeisodion:	Haimons Abrücken von seinem Vater, Kreons Beharren auf der Urteilsvollstreckung	
d) 3. Stasimon:	Chorgesang über die Macht der Eros, der Haimon in einen Zusammenstoß mit dem Vater getrieben hat	

5) Viertes Epeisodion: Antigones Schicksalsklage gegenüber dem Chor

e) 4. Stasimon: Chorgesang über Präzedenzfälle zu Antigones Geschick

6) Fünftes Epeisodion: Die Mahnung des blinden Sehers Teiresias, Kreons Verblendung, Ankündigung des Unheils, Kreons zu späte Einsicht

f) 5. Stasimon: Chorgesang an Dionysos als hoffnungsvolles Gebet

7) Exodus: Botenbericht über die Vollendung der Katastrophe, Haimons Tod, Selbstmord der Eurydike, Kreons Klage, Auszug des Chores

Die **Einheit der Zeit** ist durch Anpassung der Hauptszenen (1-7) an einen Tagesablauf gegeben. Im Prolog spricht Ismene davon, das Heer der Argeier sei „in der Nacht" verschwunden, und im Auftrittslied des Chores wird der „Strahl der Sonne" begrüßt, die gerade aufgegangen ist. Im letzten Teil des Exodus spricht Kreon vom „endigenden Todestag". Die Handlung vollzieht sich mithin zwischen Tagesbeginn und Abendstimmung.

Angesiedelt im Prolog, führt die Exposition von der Vorgeschichte her in die eigentliche Handlung über, die mit Kreons Erlass und Antigones Entschlossenheit zum Handeln, d.h. zum Verletzen dieses Gebotes, einsetzt.

Ungewöhnlich – und daher besonders zu betrachten – erscheint die **zweifache Wiederholung der Tat** durch Antigone und die gleichsam geteilte Aufdeckung in den beiden Wächterberichten des „Ersten Epeisodion" (Entdeckung der Tat) und des „Zweites Epeisodion" (Entdeckung der Täterin). Im Zusammenhang damit sei angemerkt, dass dieser Sachverhalt zu den vieldiskutierten Problemen der „Antigone" zählt.

Die einen meinen, bei dem zweifachen Bestattungsvorgang sei es darum gegangen, „die Menschenklugheit noch mehr zu verwirren" (K. Reinhardt), andere sprechen von einer „Steigerung des Bekenntnisses durch die Form der Entsprechung" (N. Zink) oder vom „absoluten Primat der Todesbereitschaft" (K. Hamburger) bei Antigone.

Es fällt auf, dass **szenische Doppelung** dem Betrachter als **durchgängige Gestaltungstechnik** entgegentritt. Wie sich in Kreon und Antigone, den beiden die Handlung tragenden Gestalten, eine dualistische Stückanlage verkörpert, finden wir dieselbe wieder in auffälligen Szenen-Parallelen. Eine andere Eigentümlichkeit des Stückaufbaus ist die Neigung zu zweigliedriger Gestaltungsweise.

So erfährt schon der Prolog eine deutliche Zweiteilung in einen exponierenden und einen dramatischen Teil, der mit Vers 38 beginnt.

Der zweigeteilte Bau des ersten Epeisodions folgt der Regel, die Sophokles Tragödien allgemein befolgen: Beginn mit einer Szene, die Chor und Schauspieler vereint und von einem zweiten Schauspielerauftritt gefolgt wird.

Zwei Handlungslinien – die Antigone- und die Kreon-Handlung – laufen einander parallel bis zum 4. Epeisodion. Diese Parallelität endet mit Antigones Abschiedsklage. Im Exodus schließt dann die Kreonlinie ab mit dem entsprechenden Gegenstück, der Klage Kreons über den Tod des Sohnes, seine Verblendung und die Last für deren Lebens.

Im Einzelnen zeigen sich folgende szenische Entsprechungen:

Prologos erster Dialog Antigone-Ismene	2. Epeisodion zweiter Dialog Antigone-Ismene
1. Epeisodion erste Wächterszene	2. Epeisodion zweite Wächterszene
3. Epeisodion Haimon rückt vom Vater ab	Exodus Haimons Tod wird bekannt
4. Epeisodion Antigones Klage, Abschluss der Antigonelinie	Exodus Kreons Klage Abschluss der Kreonlinie

Legt man an das Sophokles-Trauerspiel die **Begriffskategorien des aristotelischen Dramas** an, so ergibt sich folgende Einteilung des Handlungsablaufs:

Exposition

(Personen, Ort, Zeit)

Prologos (1-99)

Parodos (100-161)

erregendes Moment

(Konflikt Antigone-Kreon)

1. Epeisodion (162-331)

1. Stasimon (332-383)

aufsteigende Handlung

(Austragung des Konflikts)

2. Epeisodion(384-581)

2. Stasimon (582-630)

3. Epeisodion (631-765)

3. Stasimon (766-805)

4. Epeisodion (806-943)

4. Stasimon (944-987)

Peripetie

(Scheinbare Wendung zum Guten)

5. Epeisodion (988-1114)

5. Stasimon (1115-1154)

(Anm.: Kreons Einsicht, optimistisches Chorgebet an Dionysos weisen die Züge des retardierenden Moments auf.)

Katastrophe

(völlige Offenlegung des Zusammenbruchs Kreons)

Exodus (1155-1352)

Die in Klammern angeführten Verszahlen sind lediglich als grobe Orientierungshilfe gegeben und einer beliebig gegriffenen Ausgabe entnommen. Sie weichen bei anderen Werkausgaben im Rahmen einer begrenzten Schwankungsbreite ab.

Es bleibt anzumerken, dass am Ende des 2. Epeisodion die höchste Machtfülle Kreons erreicht ist. Er spricht das Todesurteil über Antigone, weist Ismene Mitschuld zu und spricht den Wächter frei. In diesem Augenblick setzt die dramatische Gegenbewegung ein, die auf die Katastrophe hin angelegt ist, welche sich an Kreon vollziehen wird und an seiner Familie.

Diese Szene zeigt formal und hinsichtlich der Figurencharakterisierung ein so bedeutendes Gewicht im Stückaufbau, dass sie als **Kulmination** gesehen werden darf.

Im Kontext zum Kompositorischen der Tragödie soll noch angemerkt sein, dass Sophokles es meisterhaft zu handhaben wusste, wie man aus Gegensätzen Spannung schöpft.

Hier kommt neben anderem eine **Funktion des Chores** zum Tragen, die dem Publikumsempfinden wahre Wechselbäder zwischen Wohlgefühl und Erstaunen bereitet.

Nachdem es im Prolog um Unglück und Tod gegangen ist, besingt der Chor im Auftrittslied die strahlende Morgensonne und ruft zur Siegesfeier.

Am Ende der ersten Wächterszene entkommt der Wächter nach spitzfindiger Selbstverteidigung dem Zorne Kreons in einer Weise, die komischer Elemente keineswegs entbehrt. Demgegenüber ist das folgende Stasimon von bedeutungsschwer-kontrastierendem Ernst geprägt.

Ein ähnliches Missverhältnis zwischen Handlung und Chorreaktion zeigt sich am Schluss des fünften Epeisodion.

Kreons Einsicht kommt zu spät. Die Katastrophe ist unaufhaltsam geworden. Aber im anschließenden 5. Stasimon flüchtet der Chor vor der grauenvollen Realität sich ereignenden Unheils in einen dionysischen Freudengesang – gleichsam das schauerliche jetzt ignorierend. Freilich wird er sehr bald davon eingeholt, wenn unmittelbar nach dem Lied der Bote mit seinen Schreckensnachrichten die Szene beherrscht.

Einige Bemerkungen seien dem dramaturgischen Einfunktionieren von Orakelsprüchen in den Handlungsablauf gewidmet. Man weiß, dass Sophokles dafür eine gewisse Neigung entwickelte, während Euripides eher die Theatermaschinen seiner Zeit bevorzugte.

Dass die Figur des Sehers Teiresias einen die Handlung vorantreibenden Part trägt, ist offensichtlich. Hinzu kommt, dass die eminente Bedeutung von Orakelsprüchen und Seherprophezeiungen keineswegs nur auf der Tragödienbühne Einfluss hatte. Speziell in der Zeit vor den Perserkriegen, vor der Ausbildung der Wissenschaften, genossen die Orakel höchsten Respekt. Das Orakel von Delphi war lange Zeit der religiöse Mittelpunkt der griechischen Welt. Es sprach zu kulturellen Fragen, ordnete Sühnemaßnahmen bei Blutschuld an und nahm humanisierenden Einfluss auf die Gesetzgebung. Selbst neue Verfassungen wurden abgesegnet. Die griechische Aufklärung im 5. Jh. v. Chr. – im Jahrhundert des Sophokles – kritisierte das Orakelwesen heftig und trug wesentlich zu seinem Niedergang bei.

Doch auch unter Perikles wurden noch Beschlüsse der Volksversammlung vertagt, wenn die Athener Priester ungünstige Göttersignale zu erkennen meinten. Von daher wird eine Notiz Ulrich von Wilamowitz-Moellendorffs einsichtig, der zur Funktion der Orakelsprüche anmerkte: „Mitgewirkt hat zu dem modernen Glauben an die Schicksalstragödie die Vorliebe, welche Sophokles für das Orakel hat, eine Manier, die noch viel tiefer in die Ökonomie des Dramas eingreift als der Maschinengott. Der Moderne kann in den Orakeln natürlich keine hinreichende Motivierung der Ereignisse und höchstens rohe Willkür des Gottes sehen. Sophokles, auch hierin mit Herodot einer

Meinung, hat aber ohne Zweifel an Orakel geglaubt, und, auch wenn er sie erfand, durchaus wahrscheinlich zu erfinden gemeint. Für den Gläubigen sind das Tatsachen, die er so gut wie alle anderen mit seiner Weltanschauung in Einklang bringen muß und wird, wie auch immer diese sonst beschaffen ist." (Euripides Herakles. Erster Band. Einleitung in die Griechische Tragödie. Vierter unveränderter Abdruck. Lizenzausgabe der Wissenschaftlichen Buchgesellschaft Darmstadt, D. 119)

Endlich sei auf ein Problem aufmerksam gemacht, das sich ergeben hat aus den nimmermüden Bemühungen von Übersetzern und Bearbeitern, der „Antigone" des Sophokles Akt- und Szeneneinteilungen aufzuzwingen, die sie, neuzeitlichem Theaterbrauche folgend, für das Publikum konsumierbarer halten würden.

Ergebnisse solchen Strebens sind verschiedene Einteilungen, von denen im Grunde keine die Stimmen der Kritiker zum Verstummen bringt, da es eben nicht gelingt, den Chor – ein Spezifikum antiker Spielstrukturen – in das moderne Bühnengeschehen so zu integrieren, dass die gefundene Lösung sowohl „sophokleisch" wie „heutig-bühnengerecht" ist. Es handelt sich dabei wohl um eine dramaturgische Abart der Quadratur des Kreises. Freilich überhebt uns diese saloppe Randbemerkung nicht, einen diesbezüglichen Seitenblick zu werfen auf Friedrich Hölderlins „Antigone"-Übersetzung von 1804, die nicht nur sprachlich einen besonderen Rang unter den Bearbeitungen einnimmt, sondern die gerade hinsichtlich ihrer Gliederung einhellig Kritik herausgefordert hat. Das scheint umso anmerkenswerter, als die Hölderlin'sche „Antigone" die deutschsprachige Sophokles-Rezeption über eine lange Zeit maßgeblich beeinflusst hat.

So merkt Edgar Neis an: „Vor allem aber verstößt Hölderlin gegen die Form der attischen Tragödie dadurch, daß er die von Anfang bis Ende in einem Bogen durchlaufende, einaktige und dadurch zu höchster Wirkung gesteigerte Handlung in fünf Akte gliedert, wodurch er ihre Einheit zerstört. Zudem führte er die Akteinteilung nicht immer sinngemäß durch; so ist der Einschnitt zwischen dem dritten und vierten

Akt völlig ungerechtfertigt und zerreißt Zusammengehöriges: die Verurteilung Antigones und den Weggang zu ihrer Hinrichtung." (Interpretation motivgleicher Werke der Weltliteratur. Band I. Mythische
Gestalten, S. 44)

Wir beeilen uns, mit einem würdigen Wort zur sprachschöpferischen
Leistung das ausgleichende Gegengewicht zu montieren, wo der
Dramaturg Hölderlin so harte Ablehnung erfahren hat:„Und, seltsam
genug, bei allem, was er der Fügung des deutschen Worts und Satzes
an kühnem Neuen abverlangt, die um soviel größere Deutlichkeit des
Ausdrucks. Sieht man ihn auf dem Hintergrund der anderen Über-
setzer, ist er schließlich der so viel Einfachere. Vor allem, einzig das
Wort Hölderlins ist unmittelbares, ist aktives Wort. In ihm allein gewinnt
die Sprache jene Realität, auf Grund derer er selbst mit Recht den
Glauben äußern durfte:‚gegen die exzentrische Einfalt erreicht' ".
(Wolfgang Schadewaldt in: Neis, Interpretationen ..., a.a.O., S:47)

9. „ANTIGONE" – EINE ATTISCHE TRAGÖDIE

„Wie liebten die Athener das Theater! An den Tagen, an denen eine Tragödie uraufgeführt wurde, herrschte vom frühen Morgen ab eine festliche Stimmung; da wogte es in den Straßen von Purpur, Blau, Grün, Gelb, Weiß; wer nicht auch hingehen konnte, stand auf den Plätzen und sah dem Anmarsch zu, vor allem dem Korso der ‚Oberen Zehntausend' aus den Villenvierteln.

Für das einfache Volk ließ Perikles oft Komödien und Possen inszenieren, jene Schwänke, die noch zu Anfang des fünften Jahrhunderts rein phallische Szenarien waren. Sie hatten sich in dem Blitztempo, in dem jetzt alles fortschritt, gemausert und waren politische Kabarettstücke geworden, ein bißchen flach, aber bissig und komisch. Die Menge kam sich dabei sehr kühn und freiheitlich vor; und Fremde reisten von weither in die Stadt, in der es ‚so was' gab. Chaire, Perikles!"

(Joachim Fernau, Rosen für Apoll, S. 197).

Der gelernte Historiker und heiter-bissige Weltgeschichts-Interpret Fernau nimmt hier auf seine überaus lesevergnügliche Weise ein Phänomen aufs Korn, das auch in seriösen Quellen für die Antike-Betrachtungen breiten Raum beansprucht; die Theaterbegeisterung der Athener.

Wer vermag es sich heute noch vorzustellen, dass eine Tragödienaufführung die Stimmungslage einer ganzen Stadt beeinflusst? Das Dreigestirn Aischylos, der neunundzwanzig Jahre jüngere Sophokles und dessen zeitweiliger Jungkonkurrent Euripides hatten der Dramenkunst zu märchenhafter Blüte verholfen. Fortgesetzt wurde das Werk, nachdem 406 v. Chr. auch das Leben des letzten der großen Drei geendet hatte, mit den teilweise unsterblich gewordenen Komödien des Aristophanes (Lysistrata!). Die edelste der Dramenformen aber hatte ihren Zenit durchschritten: die attische Tragödie.

„Tragodia" bedeutet eigentlich „Gesang der Böcke". Eine Deutung dieses Namens fußt auf folgender Annahme:

Auf der Peloponnes hatte Arion den Dithyrambos, ein Chorlied im Dionysoskult, von einem Chor in Satyrnkostümen vortragen lassen. Die Satyrn – Naturdämonen, halb Tier, halb Mensch – zeigten infolge der Annäherung an Pan in hellenistischer Zeit Bocksgestalt. So wurde der Regieeinfall des sagenumwobenen Dichters und Sängers Arion (um 600 v. Chr.) möglicherweise zum Ursprung des Begiffs ‚Tragödie'.

Gesichert ist dieser Zusammenhang allerdings nicht. Im Gegensatz dazu darf die Vorläuferschaft des Dithyrambos für die Tragödie als evident gelten.

Ernsthafte Stoffe wurden dem Heldenmythos entnommen und seit der zweiten Hälfte des 6. Jh. v. Chr. in Athen an den Großen Dionysien aufgeführt.

Der Ikarier Thespis stellte 534 dem Festchor erstmals einen Sprecher gegenüber, der das Vorgetragene erläuterte. Damit hatte die Geburtsstunde der Tragödie geschlagen; denn die entscheidende Voraussetzung für den Dialog war eingetreten. Aischylos führte dann einen zweiten und Sophokles schließlich einen dritten Schauspieler ein. So wurde vom Chor unabhängige dramatische Handlung möglich.

Auch die Tragödienstoffe entstammten fast ausnahmslos dem Mythos. Zeitgeschichtliche Themen waren selten. Die überlieferten Dramen zeichnen uns eindrucksvoll die Lebenskurve der Polisdemokratie, wenngleich die Summe des Erhaltenen nur einen Bruchteil des einst Geschaffenen ausmacht. Das Tragische wird, wie in der Antigone, zum Mittler zwischen Jahrtausenden. Dieser Funktion mag es zustatten kommen, dass man in der Antike die Theorie des Tragischen sehr viel weiter entwickelt hat als die des Komischen.

Als Hauptelement des Tragischen begegnet uns das Pathos (griech. ‚Leiden'). Es meint Leidenschaft, die die Leiden bereitende Tat hervorruft und auch erduldetes Leiden. Steht das Pathos im Zentrum der tragischen Handlung, spricht man von einer pathetischen Tragödie, die abzugrenzen ist von der ethischen, in welcher der Charakter und seine Entfaltung wichtiger sind.

Die Wirkung des Pathos zeitigt Erschütterung, mithin die entscheidende emotionale Voraussetzung für das Erreichen der Katharsis, jener von Aristoteles definierten Lösung und Befreiung des Zuschauers aus seelisch-geistigen Verkrampfungszuständen. (Brecht nennt die Katharsis eine „Waschung", die „zum Zwecke des Vergnügens" veranstaltet wurde.)

Pathos gehört in der Antike immer zum Tragischen, nicht dagegen ein unausgleichbarer Gegensatz, der für die moderne Theorie des Tragischen unerlässlich ist. Hamlet und Egmont gehen zugrunde, weil sie ihrer Zeit voraus sind, Antigone hingegen, weil sie ungeschriebenen Gesetzen ihrer Zeit zur Geltung verhilft.

Die Leiden bringende Tat setzt nach Aristoteles einen gehobenen, aber nicht überhöhten Charakter voraus. Der Durchschnittsmensch muss den Täter verstehen, sich mit ihm noch identifizieren, Mitgefühl oder Furcht empfinden können.

Besondere Forderungen stellt die antike Theorie des Tragischen an die Qualität der Tat. Sie soll eine Verfehlung aus menschlichem Unvermögen sein und darf niemals den Charakter des Niedrigen haben, so dass das Leid begründet und doch unverdient erscheint.

Es gehört zum Wesen tragischer Handlung, einerseits mit Furchtbarem und Erschreckendem Unlustgefühle zu erregen und andererseits aber zugleich mit den Mitteln der künstlerischen Gestaltung durch Wiedererkennung (Fortschreiten des Zuschauers vom Nichtwissen zum Wissen) und Peripetie (pointierter Wendepunkt in der Tragödie im Unterschied zum einfachen Schicksalswechsel) ästhetisches Vergnügen zu bereiten.

Rückt man die „Antigone" vor diesen Hintergrund, so zeigt sich: Die tiefsten Wurzeln des Konflikts zwischen Antigone und Kreon liegen in der völligen Unvereinbarkeit ihrer geistigen Welten. „In der Antigone-

und der Kreon-Handlung überkreuzen sich zwei Geschehenslinien in der Weise, daß Antigone untergeht, jedoch in ihrem Untergange siegt, während Kreon, der durch Gewalt Überlegene, in all seiner Übergewalt erliegt" resümiert Wolfgang Schadewaldt (Hellas und Hesperien. Band I. S. 454).

Auf Antigones Tat treffen mithin die vorerwähnten Kriterien des Tragischen geradezu beispielhaft zu: ihr geistiger Ursprung, das unverdiente Leiden für eine Handlung, die edel motiviert ist, erschütternde Folgen, die sie schließlich in tiefer Vereinsamung den Tod finden lassen, die moralische Genugtuung der endlichen Zerstörung von Antigones Widersacher.

„Der Geschichtsdramatiker", merkt Benno von Wiese einmal an, „schaut das Vergangene oft im prophetischen Lichte einer erst dunkel geahnten Zukunft, sodaß das Geschichtsdrama nach rückwärts und vorwärts zugleich gewandt ist..." (Geschichtsdrama. Wege der Forschung. Band CDLXXXV, S. 383).

So kann uns Heutigen die „Antigone" des Sophokles durchaus mehr gelten, als nur symbolisch-repräsentatives Abbild der Götter- und Menschenwelt in hellenistischer Zeit zu sein – nämlich progressives, durch die Jahrtausende weiterwirkendes Menschheitstheater. Denn auch Antigone fügt sich in das Gesamtwerk des Sophokles ein mit einem gewissermaßen übergeordneten Wirkungsaspekt: „Die zahlreichen Frauengestalten bei Sophokles beweisen die Erhabenheit und Breite seiner Konzeption der Menschheit. Zum erstenmal tritt hier die Frau neben den Mann als gleichberechtigte Vertreterin der Menschheit." (Halina Barbara Jaruzelska, der Elektra-Stoff von Sophokles bis Hauptmann. In: Die gesellschaftliche Bedeutung des antiken Dramas ..., S. 79)

10. LITERATUR (-AUSWAHL-)
MIT ANMERKUNGEN

Zink, N. (Hrsg.), Sophokles Antigone. Griechisch/Deutsch. Stuttgart 1981

* * *

Brecht, B., Die Antigone des Sophokles. Materialien. Berlin (O) 1969

Buschor, E., Über das griechische Drama. München 1963
Grundlagenwissen in Vortragsform ohne direkte Bezugnahme auf „Antigone"

Buschor, E., dtv – Lexikon der Antike. München 1969

Ehrenberg, V., Sophokles und Perikles. München 1956
Zuerst in englischer Sprache erschienen, speziell von Interesse Kapitel III „Das Herrscherbild des Sophokles", S. 63-91

Fernau, J., Rosen für Apoll. Die Geschichte der Griechen. München 1978
Unterhaltungslektüre mit Bildungseffekt, mit großem Vergnügen auch vom Laien zu lesen.

Fradkin, I., Bertolt Brecht. Weg und Methode. Leipzig 1974
Aus dem Russischen übersetzte Monographie, speziell zur „Antigone" S. 277-282, sehr instruktiv hinsichtlich der Akzentverschiebung in der Brecht-Bearbeitung des Stoffes.

Fritz, K. von, Antike und moderne Tragödie. Neun Abhandlungen. Berlin (W) 1962
Betrachtungen zu zentralen Themenkreisen, darin speziell eine Untersuchung der Haimonszene mit ausführlicher Erörterung der Liebesproblematik, S. 227-240

Hamburger, K., Von Sophokles zu Sartre. Griechische Dramenfiguren antik und modern. Stuttgart 1965
Die Verfasserin geht von eigenwilligen Positionen aus; das Antigone-Kapitel untersucht unter anderem speziell die Frage der Todesbereitschaft

Hofmann, W. / Kuch, H., Die gesellschaftliche Bedeutung des antiken Dramas für seine und für unsere Zeit. Berlin (O) 1973
Materialien einer wissenschaftlichen Konferenz, die Fragen des antiken Dramas aus marxistischer Sicht interpretiert

Jens, W. (Hrsg.), Die Bauformen der griechischen Tragödie. München 1971

Kirsten E. / Kraiker, W., Griechenlandurkunde. Ein Führer zu klassischen Stätten. Heidelberg 1956
Die Kapitel über Athens Geschichte und das Dionysostheater haben im Zusammenhang mit dem Antigone-Thema besonderen Informationswert

Melchinger, S., Sophokles. Dramatiker des Welttheaters. Hannover 1974

Müller, G., Sophokles Antigone. Kommentar. Heidelberg 1967

Neis, E. (Hrsg.), Interpretationen motivgleicher Werke der Weltliteratur. Band I. Mythische Gestalten. Hollfeld 1976

Neubuhr, E. (Hrsg.), Geschichtsdrama. Wege der Forschung. Band CDLXXXV. Darmstadt 1980
Ohne speziellen Bezug zum Antigone-Thema, jedoch interessant im Zusammenhang mit der Wirkungsproblematik von Literatur

Patzer, H., Hauptperson und tragischer Held in Sophokles Antigone. Wiesbaden 1978
Der Verfasser unterscheidet zwischen „szenischer" und „thematischer" Hauptperson; seine Untersuchung bezieht sich vor allem auf das Konfliktfeld

Schadewaldt, W., Hellas und Hesperien. Band I. Stuttgart 1960

Schadewaldt, W. (Hrsg.), Sophokles Antigone. Frankfurt am Main 1974
Theater heute Heft 10/1969. *Bericht über eine Kasseler Antigone-Inszenierung*

Wilamowitz-Moellendorff, U. von, Euripides Herakles. Erster Band. Einleitung in die Griechische Tragödie. Berlin (W) 1959 (4.)
Unveränderter Abdruck eines 1910 erstmalig erschienenen Werks, das in bestimmten Teilen sehr lesbar geblieben ist, in unserem Zusammenhang speziell zur Problematik der Charaktergestaltung bei Sophokles

Zink, N., Sophokles Antigone. Frankfurt a. M. u. a. 1982